こだわりを実現する
コーヒー COFFEE
上達BOOK

プロが教える
本格
テクニック

レコールバンタン講師
「Barista Salto」篠﨑好治 監修

自分でつくることのメリットを
最大限にいかし
よりコーヒーをたのしめる時代が来た

近年、エスプレッソ系アレンジドリンクやスペシャルティコーヒーの普及により、日本においてのコーヒーの在り方が大きく変化してきました。

いまや、コーヒースタンドやカフェに行けば良質で鮮度のよいコーヒー豆が手軽に手に入り、インターネットでは様々なコーヒーの抽出器具も簡単に購入することができます。

ということは、よい素材を手に入れ、プロと同じような器具を使って、おいしいコーヒーを自分自身でつくることができる時代なのです。

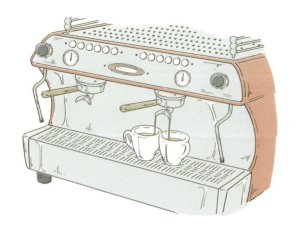

私が考える「よいコーヒーとは何か？」
それは
飲む人の好み、その日の気分や飲み方に合わせて味をカスタマイズできる
コーヒーです。
「今日はミルクを入れたいから　濃く淹れよう！」
「豆の個性をいかして　香りをたのしもう！」
「豆をブレンドして　好みの味を探そう」

カスタマイズできる数は、世界のコーヒー好きの人口以上にあります。

この本では、コーヒーの味の変わる要素から抽出器具による淹れ方の違い
など、たくさんの情報をまとめました。

もちろん、ご紹介したやり方すべてが正しいとは限りません。
自分なりの好みの味や淹れ方を見つけ、そしてなにより、
コーヒーのたのしさをもっと身近に感じていただける手助けができれば
うれしいです。

「Barista Salto」

篠﨑好治

contents

はじめに ─────────────────────── 2

Step1

コーヒーのおいしさの
バランスを極めよう ───── 9

プロがコーヒーを淹れるときに考える6つのこと ─── 12
バランスのよいコーヒーがひと目でわかる 味のバランス表 ─ 14
味や印象がわかる テイスティング・ノートをつけよう ── 18
どんな抽出器具で淹れる？ ──────────── 20

ハンドドリップで淹れる プロのコツ ────── 30
・よりおいしく！ プロの裏ワザ ──────── 34
・失敗してしまった！ なぜ？ ───────── 35
フレンチプレスで淹れる プロのコツ ────── 36
エアロプレスで淹れる プロのコツ【インバート方式】─ 40
アメリカンプレスで淹れる プロのコツ ───── 46
・よりおいしく！ プロの裏ワザ ──────── 47
エスプレッソマシンで淹れる プロのコツ ──── 48
・よりおいしく！ プロの裏ワザ ──────── 52
・失敗してしまった！ なぜ？ ───────── 54
ネルドリップで淹れる プロのコツ ─────── 56
サイフォンで淹れる プロのコツ ──────── 58

- よりおいしく！ プロの裏ワザ ……………………… 60
- 失敗してしまった！ なぜ？ …………………………… 61

コールドブリューを淹れる プロのコツ ………… 62
オンザロックで淹れるアイスコーヒー プロのコツ … 64
- よりおいしく！ プロの裏ワザ ……………………… 66

おいしさを引き出す水 ……………………………67

Step 2

おいしいコーヒーは
アレンジもたのしい　　69

アレンジのたのしみ方 ………………………………… 70
アレンジに不可欠なミルク …………………………… 72
コーヒーと相性のよいミルク ………………………… 74
「フォームドミルク」と「スチームドミルク」 ……… 75
カプチーノをつくる …………………………………… 76
ミルクの失敗の原因 …………………………………… 79
牛乳が苦手な人のためのミルク ……………………… 80

Arrange 1 ミルク

ミルクをプラスしてコーヒーをまろやかにする　81

HOT DRINK ……………………………… 81

- カフェオレ
- カフェラテ
- カフェマッキアート
- カフェモカ
- カプチーノ
- ラテマッキアート
- フラットホワイト
- スパニッシュラテ
- ハニーラテ

ICED DRINK …… 86
- アイスカフェオレ
- アイスカフェラテ
- アイススパイスモカ
- アイスカフェモカ
- アイスカフェチョコラータ
- アイスカプチーノ
- アイスキャラメルラテ

Arrange 2 砂糖＋お湯
アメリカやオーストラリアで親しまれる自由なアレンジ …… 90
- カフェアメリカーノ
- ロングブラック
- カフェフレッドシェケラート

Arrange 3 お酒
世界中で愛されているお酒とコーヒーの組み合わせ …… 92
- カフェコレット
- アイリッシュコーヒー
- モヒートコーヒー
- エスプレッソに合うリキュール

Arrange 4 フルーツ
アイスコーヒーの清涼感とフルーツの爽やかさの相性がいい …… 96
- オレンジ＆ライム
- コーヒーに合うフルーツ

Arrange 5 ナッツ
ナッツの風味とコクで印象が変わる ……… 98
・ナッツがいきる飲み方
・コーヒーに合うナッツ

Arrange 6 スパイス&ハーブ
いつものコーヒーにちょっぴり刺激をプラス ……… 100
・コーヒーに合うスパイス
・コーヒーに合うハーブ

Arrange 7 トッピング
フレーバートッピングでコーヒーパーティーみたいに ……… 103

Arrange 8 ペアリングスイーツ
ほろ苦さとスイーツの
奇跡の出会い ……………………………………… 104

Arrange 9 コーヒーを使ったスイーツ
コーヒーの魅力を
スイーツで表現 …………………………………… 105

Step 3

おいしいコーヒー豆を選ぼう 107

コーヒーの生産国 ……………………………………………… 108
コーヒーが育つ条件 …………………………………………… 109

産地別の品種名とそれぞれの香りと味わい ……………… 110
豆の品種 ………………………………………………………… 112
コーヒーの花と実 ……………………………………………… 114
よい豆に仕上げる「精製方法」 ……………………………… 116
コーヒー豆をローストする「焙煎」 ………………………… 118
ブレンドして好みの味を見つけよう ………………………… 120
コーヒー豆を挽こう …………………………………………… 122
挽き方のレベルとおすすめの器具 …………………………… 124

Step 1

コーヒーの
おいしさのバランスを
極めよう

コーヒー好きなら、自分のお気に入りの味がありますよね。
その味を、いつでも同じように淹れることができる
プロのコツをお教えしましょう。

コーヒーの
おいしさって何かな？

コーヒー好きのあなた
あなたが好きなコーヒーの味は？

なんて聞かれたら答えようがありませんよね。苦さも酸みも、香りも、すべてが絶妙に合わさったあの味を、ひと言やふた言ではなかなか表わすことはできません。
豆の産地や品種、淹れる器具によっても異なり、カップの大きさや厚さによっても印象は変わります。また、淹れる人や場所によってはおいしいコーヒーも、おいしくないと感じてしまうこともあります。
では、いったいその違いはなんでしょうか？

ときどき、今日は曇りだからコーヒーがイマイチだった、という人がいますが、プロになるといつでもどこでも同じ条件で同じようにおいしいコーヒーを淹れることができます。おいしいコーヒーの定義は、その人の好みによってじつに様々です。プロの技術を身につけ、それぞれが「おいしいコーヒー」の味を独自に引き出せるようになれれば、コーヒーをもっと深くたのしめるようになります。

バランスのよさって？
いろいろな味・香り・印象

プロにとってのおいしいコーヒーとは何かと聞くと「バランスのよいコーヒー」と返ってくることがあります。

では、「バランスのよいおいしいコーヒー」はどうしたら淹れられるのでしょう。
バランスとは、「釣り合いをとる」こと。ちょうどいい感じにすることです。味が薄ければ粉を増やしたり、苦ければお湯の温度を下げましょう。フィルターを紙から金属にすればとろみが出ます。
自分が思う「バランスのよさ」を見つけるために、何度でもあらゆる要素を試してみましょう。コーヒーの味をコントロールするのは気温や湿度、偶然ではなく「知識と経験」です。
焙煎されたコーヒー豆には数百種類もの成分が含まれていて、それぞれが寄与してひとつのコーヒーの味と香りをかたちづくっています。味と香りは淹れ方ひとつでまったく別のものになります。コーヒー初心者ならそれは偶然のものですが、狙いどおりに「バランスのよいコーヒー」を淹れられるのがプロです。

プロがコーヒーを淹れるときに考える6つのこと

プロがコーヒーを淹れるときに頭に描く6つの要素があります。
「焙煎度・豆の挽き方・粉量・抽出温度・お湯の量・抽出時間」。
この6つのポイントがコーヒーの味に大きな影響をあたえます。まずは6つの知識をしっかり念頭に入れておき、コーヒー豆の持つよさを最大限に引き出せるようにしましょう。

焙煎度（ローストレベル）

豆の煎りが浅いほど味が薄くなり、酸みが出ます。また、浅すぎると青くささが出てきます。逆に煎りが深いと味が濃くなって苦みが増し、深すぎると焦げくささが出てきます。

豆の挽き方

●挽き目が粗いほど味は薄くなりますが、香りはよく出ます。また酸みが増して、苦みは減ります。
●挽き目が細かいと味が濃くなり、苦みが強くなります。

粉量

粉の量が多いほど味は濃くなり、少ないほど味は薄くなります。

抽出温度

●お湯の温度が高いと味が濃く、苦みが強くなり、酸みが感じにくくなります。また香りはよく出ます。
●温度が高すぎると逆に、過抽出になりやすいです。
●温度が低いと酸みが増して苦みが薄くなり、甘さも感じられます。

抽出分量（お湯の量）

お湯の量が多いほど味は薄くなり、苦みが強く出ます。逆にお湯の量が少ないほど味は濃くなります。

抽出時間

抽出時間は長いと味が濃くなりますが、その分、雑みも出やすくなります。また時間の経過とともに香りも飛んでしまいます。抽出時間が短いと味は薄くなります。

味の成分が水に溶ける順番は、酸み→苦み→過抽出のえぐみ。雑みは少しずつ溶け出していくので注意が必要です。

バランスのよいコーヒーが
ひと目でわかる 味のバランス表

コーヒーやエスプレッソの味は、あらゆる要素をバランスよく用いることで表現できることがわかりました。

ではそれを視覚化してみましょう。味を数値で割り出し、理屈のもとでドリップができるようになると、味や風味の表現力がアップします。下の表をベースに、豆のよさを効率的に編み出せるようになりましょう。

※下記の濃度数値はドリップ用になります。

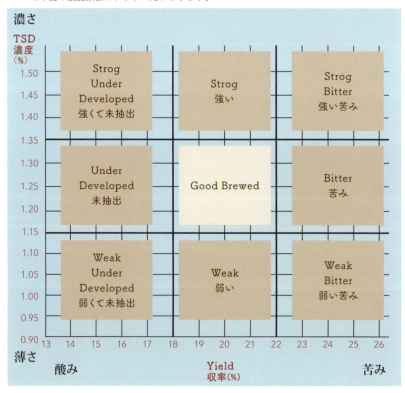

「バランスのよさ」は濃度と収率で測定する

左の表のたて軸はコーヒー成分の濃度。よこ軸には豆1gあたり、コーヒー成分が何%水に溶け出したかを示す収率が記されています。

たて軸の目盛りは0.9%〜1.5%です。濃度は市販の濃度計で瞬時に測定できます。よこ軸には、13〜26%の目盛りが引いてあります。**収率が低いほど酸みが強く、高ければ苦みを強く感じます。**収率は濃度から算出できます。**〈収率 = 濃度×液量／粉量〉**

たとえば、コーヒー100gの濃さが1.3%であった場合、1.3gのコーヒー成分が入っていることになります。また、**使った豆が7gだとすると、1.3%×100g÷7で収率はおよそ18.6%**となります(エスプレッソの場合、濃度は8〜12%程度)。

中央エリアがバランスのよい味わい

まずは、自由につくったコーヒーの濃度と収率を左の表に従って数値化してください。
中央のエリアなら、バランスのとれたコーヒーが淹れられたことになります。
濃度が1.15%〜1.35%
収率が18%〜22%

このエリアから外れたら、粉の量や挽き目、お湯の量、温度など抽出要素を調整し淹れ方の工夫をし、中央エリアにおさまるように要素を調整してみましょう。この方法は理論的に抽出要素と味の関係を視覚化することができるので、理解を深めるにはとても有効的な練習法です。すべての要素を一気に変えるのではなく、少しずつ調整をし、各要素がどれほど味に影響しているのかを数値化して確かめながら行ってください。バランスのよいコーヒーを淹れられたら、次に抽出器具を変えてみましょう。抽出方法が、どれだけコーヒーの味や印象に影響するのかわかってきますよ。

コーヒーの味、印象について知っておこう

🫘 香りとは

香りは、口の中から鼻に抜ける「フレーバー」と鼻先で感じる「アロマ」に分けられ、それぞれ別の種類の香りを感じる場合があります。
香りは豆の挽き目を粗くすることや、抽出温度を高くすること、抽出時間を短くすることによって引き出されます。

🫘 口あたりとは

コーヒーを飲んだときの口の中の感覚で、液体の中で溶けずに漂っている成分を感じることです。とくにエスプレッソの場合は、豆に含まれる脂質（コーヒーオイル）が乳化することによる「とろみ・まったり感」はよい口あたりとして、抽出時に「粉から混入する微粉」は悪い口あたりとしてあげられます。口あたりは淹れ方やフィルターの種類にも左右されます。

🫘 苦みとは

味の基本である「五味」のうち、主にコーヒーで感じられるのは「酸み」と「甘み」、そして「苦み」です。コーヒーでは「苦み」は「酸み」とのバランスによって形成される味。お湯の温度が高かったり、お湯の量が多かったり、豆の挽き目が細かかったりすると苦みが強くなります。基本的に悪い味とは見なされていませんが、強すぎる苦みは欠点とされます。

🫘 酸みとは

苦みとは対向にある味です。お湯の温度が低かったり、お湯の量が少なかったり、豆の挽き目が粗かったりすることで強くなります。酸みも強すぎると敬遠されますが、酸みの原因となる酸の種類によっても好き嫌いがわかれます。

🫘 甘みとは

もともとコーヒー豆にはごく微量の甘み成分が含まれています。生豆のときはまだ甘さを感じませんが、焙煎して抽出していくと有機酸素（ガス）が抜け、甘み成分が引き出されていきます。甘みは、抽出温度が低いと豆によっては強く感じやすくなり、酸みをやわらげてくれる効果があります。

🫘 濃さとは

コーヒー液中のコーヒー成分の濃厚さであり、総合的な味の強さともいえます。粉の量が多いこと、挽き目が細かいこと、お湯の温度が高いこと、お湯の量が少ないこと、抽出時間が長いことによって味は濃くなります。

🫘 クリーンさとは

すっきりした味とも表現されます。豆自身の質、過抽出による渋みやえぐみ、微粉の混入による口あたりの悪さ＝雑みがない味のことを表します。

🫘 あと味とは

エスプレッソのテイスティングで重視される味の中に「あと味」があります。このテイスティングではコーヒーを飲んだときに感じる味を時系列で、「アタック→ミドル→フィニッシュ」の３段階にわけて評価されます。あと味はフィニッシュにあたり、「余韻」といわれることもあります。

味や印象がわかる
テイスティング・ノートをつけよう

おいしいコーヒーを淹れるためには、基本的なポイントを押さえ、忠実に再現することも重要ですが、感じたことなどを自分なりの表現でメモしていくことで、コーヒーに対する関心も知識もますます深まります。豆の種類、焙煎度合い、湯量、挽き方、器具など、あらゆる側面から独自の見解をノートにまとめて、お気に入りの豆や手法を見つけて特別な1杯を淹れてみましょう。

プロのコツ！

独自の理想的なコーヒーを淹れられるように、自分なりに淹れ方などを研究してみましょう！

こんなことをノートに書こう

■**豆**：銘柄／キリニャガマウンテン（品種：SL28）

■**産地**：ケニア（ニエリ地区とキリニャガ地区）

■**精製方法**：ウォッシュド（水洗式）

■**ローストレベル**：焙煎日＝中煎り／2019年8月20日（5日前）

■**挽き目**：中粗挽き〜中挽き

■**抽出器具**：ペーパードリップ

■**飲み方**：ブラック

■**MEMO**：味や印象は、ブドウのような香りとすっきりした酸みが口の中に広がる。甘さもコクも十分。ただ、もう少し苦みがほしい。もっと高温のお湯で淹れるか、細く挽いてもよかったかも。4.5点。

飲んだコーヒーの情報をまとめる

Step 1 コーヒーのおいしさのバランスを極めよう

Tasting Note

ORDER-NAME SINGLE / BLEND

ロースター

焙煎日　　　/　　　/

産地

精製方法

ロースト　LIGHT ○─○─○─○─○ DARK

ボディ　LIGHT ○─○─○─○─○ FULL

抽出法
- □ ペーパードリップ
- □ ネルドリップ
- □ エスプレッソ
- □ サイフォン
- □ フレンチプレス
- □ エアロプレス
- □ 水出し
- □ OTHER

飲み方
- □ BLACK
- □ +MILK
- □ +SUGAR
- □ ICED

味わい・余韻
- □ ベリーフルーツ
- □ シトラスフルーツ
- □ ストーンフルーツ
- □ フローラル
- □ スモーキー
- □ チョコレート
- □ ナッツ
- □ キャラメル
- □ スパイス

クリーンカップ / CLEAN CUP
苦み / BITTERNESS
甘み / SWEETNESS
バランス / BALANCE
酸み / ACIDITY
あと味 / AFTERTASTE
口あたり / MOUTHFEEL
香り / FLAVOR

MEMO
....
....
....
....

RATING ☕☕☕☕☕

PLACE:　　　　DATE:　　/　　/　　PRICE:

どんな抽出器具で淹れる?

豆からコーヒーを抽出する方法は様々あり、どんな器具を使うかによって味や香りが大きく変わります。抽出器具の特徴をおさえてお気に入りのコーヒーを淹れましょう。

フィルターで淹れる

抽出でもっとも一般的なのが、コーヒーの成分が溶け出たあとの粉をフィルターで分離する方法です。フィルターを使った淹れ方には**ハンドドリップ、フレンチプレス、エアロプレス、サイフォン**などがあり、これらで淹れたコーヒーをまとめて「フィルターコーヒー(カフェ・フィルトル)」と呼んでいます。

フィルターの素材もいろいろ

フィルターの役割は、粉の出がらしをこし取ることだけではありません。味や飲み口に大きく影響する重要な器具の一つです。用いられる素材には様々あり、この素材の性質がフィルターの働きを特徴づけています。次に、フィルターに使われる主な素材を挙げてみました。

Step 1 コーヒーのおいしさのバランスを極めよう

ペーパー

目が細かくて口あたりを悪くする微粉を通さず、豆に含まれる油分を吸着するのでボディの軽いさっぱりした味になります。無漂白フィルターは紙の匂いが出てしまうので、漂白タイプをおすすめします。

布製

布（ネル）のフィルターは紙と比べて油分をほどよく通すので口あたりが紙よりまろやかになります。ネルドリップのほか、サイフォンのろ過器にも使われています。洗ってくり返し使用できます。

金属

油分をそのまま通すので、どっしりした飲み応えがたのしめますが、目が大きいため微粉も通してしまうのが難点です。プレス式やハンドドリップではステンレス製がよく使われています。

セラミック

ハンドドリップ用に多孔質のセラミックフィルターが市販されていて、まろやかで雑みの少ない味になるといわれています。くり返し使えますが、目詰まりしやすく、まめな手入れが必要です。

ハンドドリップ

家庭で使用される、もっともポピュラーな方法といえるペーパードリップ。ロート状にした紙のフィルターの中に粉を入れて上からお湯を注ぎ、コーヒー成分が溶け出たお湯をゆっくりと下のカップに落としていく抽出方法です。同じ焙煎の豆でも粉の細かさやお湯の量・温度・注ぐ速さで自由に味をコントロールできるのが魅力。抽出時間は１分半から３分と比較的長くなります。

point! ドリッパーについて

フィルターを入れるドリッパーには主に、底に小さい３つの穴が並んだタイプと、大きめの穴が１つ開いたタイプが使われています。前者はお湯がゆっくり落ちるので、いつでもブレのない味が出せます。湯落ちが速い後者は、粉にお湯を注ぐスピードで大きく味を変化できるのが特徴です。

フレンチプレス

ガラスビーカーに粉とお湯を入れ、成分が溶け出たところでビーカー内の金属フィルターを押し下げてコーヒーを分離させます。これはフランスでもっとも一般的な淹れ方です。とてもシンプルで誰がやっても失敗せず、コーヒーの成分や油分をそのまま取り出せて豆本来の味わいをたのしむことができる優れた抽出方法ですが、抽出時間が4分もかかること、微粉が多く入り込んでしまうことが欠点です。

エアロプレス

プラスチック製の巨大な注射器状の器具の中にお湯と粉を入れ、90秒後に上からプランジャーで押さえつけて抽出する方法です。2005年にアメリカのフリスビー製造会社が開発したもので、いわばフレンチプレスの改良型。フレンチプレスの長所はそのままに、圧力をかけて抽出するので時間がかからないこと、紙のフィルターを使うため微粉が少ないことなど、欠点を解消した方法といえます。

エスプレッソマシン

機械を使って粉にお湯を高圧で注入し、短時間で抽出するのがエスプレッソです。フィルターコーヒーの10倍近い濃厚な味わいと、表面を覆う「クレマ」という細かい泡、豆の油分が高圧抽出により乳化することで生まれるとろっとした口あたりが特徴です。「エスプレッソ」はイタリア語で「急行」の意味。名前のとおり本場イタリアでは「サッと淹れてサッと飲む」スタイルで親しまれています。

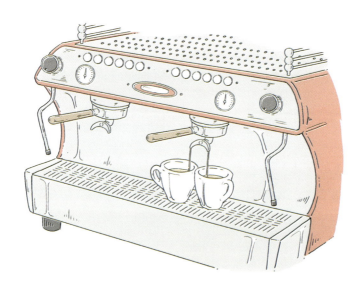

Point! エスプレッソマシンについて

お湯を沸かすボイラーと、高い気圧をかけるためのポンプを内蔵した、エスプレッソ専用の機械です。エスプレッソマシンは1901年にイタリアで誕生し、1940年代に現在のマシン同様に高圧をかけられる機種が開発されました。機能に応じて様々なタイプが市販されています。

エスプレッソマシンの選び方

🫘 家庭で使用したい

1日に淹れるエスプレッソが多く十数杯程度なら、連続抽出が得意な大型の業務用マシンは必要ありません。家庭用マシンでも連続して淹れるのでなければ、十分質の高い1杯がつくれます。ただミルク用のスチームに関しては、家庭用は再加熱（追い炊き）に時間がかかるタイプが多いので、カプチーノをたのしみたい人はスチーム用と抽出用の2種が内蔵されたダブルボイラータイプを探してみてください。

🫘 カフェ・レストランで業務用として使用したい

業務用でも1日に抽出する回数や頻度がマシン選びの基準になります。十数杯程度なら家庭用と兼用の小型タイプ、その中でスチームの威力が持続するダブルボイラーを選べば問題ないでしょう。それより抽出回数が多ければ抽出口が二口以上ある大型のマシンも視野に入れます。一般に本体が大きいほどボイラーやポンプも大きくパワーがあるので、連続抽出時でも湯温や抽出圧力が安定します。

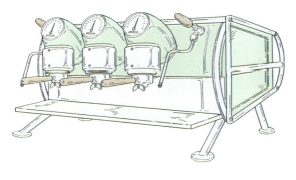

ネルドリップ

布製のフィルターを使ったハンドドリップのことで、ペーパーフィルターが普及する以前から行われていた抽出方法です。ネルとは表面が起毛した布地を指す言葉で、コーヒーのネルフィルターの素材には、主に綿が使われています。豆の油分をほどよく通すため、ペーパードリップよりもコクが出る淹れ方ですが、抽出に時間がかかるのでコーヒースタンドなどのお店ではあまり使用されていません。

Point! ネルのお手入れ

使用後のネルは、そのままにしておくとネルに残ったコーヒーの油分が酸化して雑みの原因になってしまいます。使用後は流水で手もみ洗いし、空気にふれないように水を張った容器に入れて密閉し、冷蔵庫で保管します。水ににおいが移るので、1日に3回ほど水を取り替えてください。

サイフォン

「真空ろ過式」ともいわれる、昔の喫茶店でよく見られた抽出方法です。フラスコを火にかけてお湯を沸騰させ、粉の入ったロートを差しこむと、熱湯が水蒸気の圧力で引き上げられ、抽出を開始。火を止めるとフラスコにコーヒー液が落ちてきます。すっきりした味と高温抽出による引き立った香りが特徴。抽出時間も30秒前後と短いですが、過抽出による雑みも出やすいので、上級者向けです。

Point! ろ過器について

サイフォンでは粉とコーヒー液の分離を、ロート内の首元部分をふさぐように備え付けたろ過器で行います。ろ過器は金属のフィルターを布で包み込んだつくり。不純物を通さないよう、布の表面がピンと張るように布を流水で洗って固く絞り、ネル面（起毛面）を外側にして、強く固定してください。

コールドブリュー（水出し）用容器

水出しとは、水にコーヒーの粉を長時間浸してゆっくりと成分を抽出するつくり方です。オンザロックとまったく異なり、まろやかで、甘みが強くまったりと飲みやすい口あたりに仕上がります。大量につくることができるので、たくさん飲むにはこちらが向いているといえます。

フレンチプレス

粗く挽いたコーヒーを入れてふたをし、そのまま冷蔵庫へ。手軽においしいアイスコーヒーができるので人気です。

フィルターボトル

メッシュ部分のストレーナーにコーヒーの粉を入れて水を注ぎます。お水はストレーナーが完全にかぶるくらい入れるのがコツ。

水出し用ポット

ハンドルがついているので注ぎやすいコーヒーポットスタイル。サイズもいろいろあるので選びやすいです。

そのほか

器具は小さいものから大きなもの、家庭用のものから、アウトドアで使えるものなど様々です。あまり見かけないものでも、あなた好みのものを見つけてコーヒーをたのしみましょう。

全自動式コーヒーメーカー

ミルからドリップまで全自動なので、スイッチを入れればあとはできあがりを待つだけ。細かい調整ができないので、好みの味に調整するのはむずかしいのですが、手軽で便利です。

パーコレーター

ケトルの中のバスケットにコーヒーを入れ、水を沸騰させるだけでコーヒーを淹れることができます。バスケットをはずせば、ケトルとして活用できるのが便利！キャンプなどで人気です。

直火用エスプレッソメーカー

コンロの火にかけて使う家庭用のエスプレッソメーカー。小さくて五徳には乗らないので、金網などを使用しコンロの火にかけます。電動のマシンのようにクレマは立ちませんが、エスプレッソの濃厚な味をたのしむことができます。

Point! プロが好む器具について

「どんな器具がお気に入りですか？」と聞かれると、答えにとまどうことがあります。それは仕事内容によって変わるからです。忙しいお店なら時間がかからないエスプレッソを選ぶでしょうし、豆のフレーバーをたのしみたいというお客さまが多いなら1杯1杯ドリップで淹れることを考えるからです。

ハンドドリップで淹れる プロのコツ

注ぐお湯の量と時間で味が大きく変わりますが、もっともスタンダードな淹れ方。できれば0.1g単位で量れるデジタルスケールと、ストップウォッチを用意して緻密にドリップ作業ができれば、風味の格がグッとあがります。

Point!

バランスのよい味に仕上げるレシピ

コーヒー豆：中挽き 16g
湯量：250g
湯温：90℃前後
ドリップ時間：2分30秒

※用意するもの：プラスチック製のドリッパー

香り	★★★★
甘み	★★★
酸み	★★★
クリーン	★★★★
あと味	★★★★★

Step1 コーヒーのおいしさのバランスを極めよう

1

ドリッパーとカップにポットのお湯をかけてあたためる。サーバーにたまった湯を捨てて、ペーパーフィルターをセットする。

プロのコツ！

ペーパーの紙のにおいが気になる人はペーパーも湯通しするといいですよ。

2

お湯を沸騰させ、適温に下がるまで待つ。フィルターに粉を入れ、デジタルスケールに乗せて目盛りをリセットする。

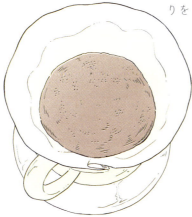

プロのコツ！

スケールの数値は、お湯を注ぐごとにリセットしなくても、数字を足して見ていけば大丈夫です。

3

フィルターにかからないように、500円玉より少し大きめの円で「の」の字を描く感じで、粉の中心からお湯を注ぐ。粉全体に30gのお湯を注いだら止めて、30秒蒸らす。粉がお湯を吸って膨らみ、炭酸ガスの気泡がわく。

プロのコツ！

豆によって蒸らす時間は変わります。また蒸らすことで豆の細胞は膨らみ、成分が抽出されやすくなります。

4

粉の膨張と炭酸ガスのブクブクが落ち着いてきたら、お湯を4回に分けて注ぐ。まず60g。

プロのコツ！

蒸らしたあとの1回目の60gで成分がもっとも抽出されます。ここで時間をかけましょう。

Step1 コーヒーのおいしさのバランスを極めよう

5

続いて60g→50g→50gとお湯を注いでいく。

プロのコツ！

各回の湯は落ち切る前に、次のお湯を足すようにしてください。

6

最初の30gを注いでから2分30秒で抽出し終えるのが目安。コーヒーを軽く攪拌してカップに注ぐ。

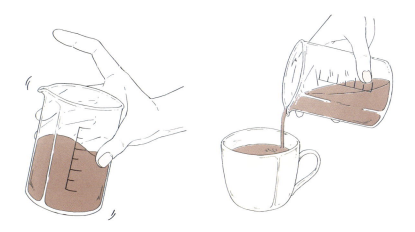

ハンドドリップをよりおいしく！プロの裏ワザ

コーヒーをおいしく淹れるためにプロがお店などで使っているワザがあります。家庭でも簡単に取り入れることができる方法なので、ぜひ試してみてくださいね。

プロの裏ワザ1
粉をかき混ぜる

まず初めに蒸らしているときに粉をスプーンでかき混ぜます。そうすると成分がより抽出されやすくなります。ただし浅煎りの豆を使用した場合のみで、深煎りだと雑みまで出てしまうことが多いので注意してください。

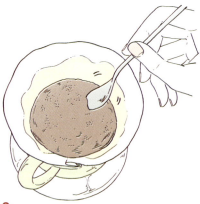

プロの裏ワザ2
ドリッパーはプラスチック製を

ドリッパーはプラスチック製が最適です。陶器よりプラスチックのほうが熱伝導率が低く、湯温が変化しにくいため、安定してコーヒーの風味を抽出できます。

失敗してしまった！ なぜ？

ポピュラーな淹れ方ですが、
コーヒーは繊細なのでハンドドリップを巧みに使いこなし、
おいしい1杯をつくるのには少し時間がかかります。
失敗したなと感じたら、
味の感想から注意すべきポイントを見出してみましょう。

味が薄い

- ●豆の鮮度が悪かった
- ●湯温が低すぎた
- ●豆の挽き方が粗すぎた、粉に比べてお湯の量が多すぎた
- ●ポットから出る湯量が多すぎた（湯線が太かった）

苦すぎる、雑みが出ている

- ●過抽出の可能性
- ●挽き目が細かすぎた
- ●湯温が高すぎた
- ●抽出に時間をかけすぎた

フレンチプレスで淹れる プロのコツ

ペーパーフィルターを用いたものとは違って、むずかしいテクニックがいらず、手軽に使えて失敗が少ないフレンチプレスです。豆の風味をダイレクトに抽出できるので、コーヒーの風味を存分にたのしめます。きちんと使用方法を身につけ、コツを押さえたうえで使いこなせれば、フレンチプレス特有の風味を引き出すことができますよ。

Point! バランスのよい味に仕上げるレシピ

コーヒー豆：中粗挽き 13～15g
湯量：沸騰直後の湯 250g
蒸らし時間：4分
※用意するもの：4分計測のストップウォッチ（スマホでOK）

- 香り ★★★★
- 甘み ★★★★
- 酸み ★★★
- クリーン ★
- あと味 ★★★★

Step1 コーヒーのおいしさのバランスを極めよう

1

ビーカーとカップにお湯を入れてあたためる。

プロのコツ！

粉をビーカーに入れて時間が経つと、熱で粉が変質してしまうので、すぐお湯を入れること。

2

あたためたお湯を捨て、ビーカーに粉を入れ、デジタルスケールに乗せて目盛りをリセットする。沸騰させてすぐのお湯を注ぐ。

3

粉とお湯を均一になじませるため、本体を回しながら注いでいく。

お湯が粉全体にかかっているかどうかの目安は、豆がきれいな3層にわかれていること。

プロのコツ!

お湯を全量の3分の1ほど分けて入れ、少し蒸らしてから残りのお湯を注いでもOK。

4

そのまま4分間、静かに待つ。

プロのコツ!

この状態で本体をゆすったりかき混ぜたりすると、雑みが出て過抽出になりやすくなります。

Step1 コーヒーのおいしさのバランスを極めよう

5

プランジャーをビーカーの底までゆっくり押し下げる。

6

底にたまった粉が入らないように、気をつけながらカップに注ぐ。

プロのコツ!

圧力でコーヒーがふきこぼれることがあります。それは、プランジャーとビーカーの間に隙間があるからです。もしもふきこぼれるようなら、器具を選びなおしましょう。

プロのコツ!

豆の質がそのまま味につながるので、冷めても雑みやえぐみが出ていなければおいしく飲めます。

エアロプレスで淹れる プロのコツ【インバート方式】

注射器のような形をしたエアロプレスは、空気圧を使うことで、手早く抽出できる淹れ方です。新鮮でお好きな風味の豆を使うと、しっかりとその豆のアロマを堪能することができるんです。通常の方法と、器具を逆さに使う「インバート」とという淹れ方の2通りあります。

Point! バランスのよい味に仕上げるレシピ

コーヒー豆：中粗挽き 15g
湯温：85〜90℃
湯量：200g
※用意するもの：スケール(秤) ストップウォッチ(スマホでOK)

香り	★★★
甘み	★★★★
酸み	★★★★
クリーン	★★★★★
あと味	★★★

Step1 コーヒーのおいしさのバランスを極めよう

1

ペーパーフィルターを
フィルターキャップには
める。
器具本体は、プラン
ジャーを下にしてチャン
バーに差し込み、セット
する。

2

沸騰したお湯を適温まで
冷まし、プランジャーと
チャンバーに入れて器具
をあたためる。

プロのコツ！

ペーパーフィル
ターをつけた
キャップにも
お湯をかけて。
ペーパーフィル
ターをしっかり
密着させます。

3

器具をあたためたお湯を
ビーカーに移して、同じ
ようにあたためておく。

4

チャンバーに粉を入れ
る。全体をデジタルス
ケールに乗せて、数値を
リセットする。
次に適温に冷ましたお湯
を入れる。粉全体になじ
むように、チャンバーと
プランジャーを回しなが
らお湯を入れる。

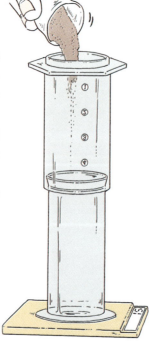

プロのコツ!

コーヒーの粉を入れる際に、チャンバーの縁に粉が付着しているとキャップが外れてしまうことがあるので注意！

プロのコツ!

最初に、3分の1程度のお湯を注いで全体をなじませてからお湯を足してもいいでしょう。

Step1 コーヒーのおいしさのバランスを極めよう

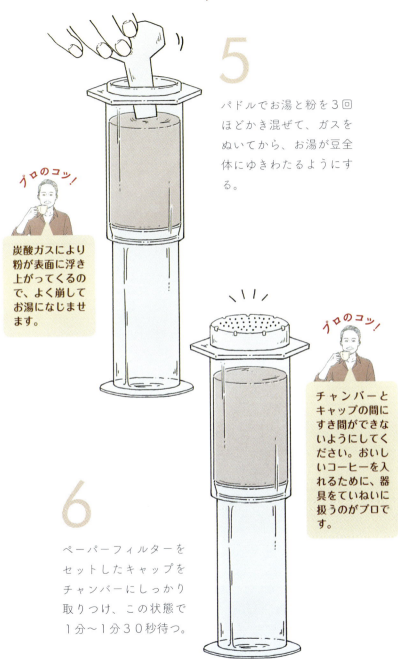

5

パドルでお湯と粉を3回ほどかき混ぜて、ガスをぬいてから、お湯が豆全体にゆきわたるようにする。

プロのコツ!
炭酸ガスにより粉が表面に浮き上がってくるので、よく崩してお湯になじませます。

6

ペーパーフィルターをセットしたキャップをチャンバーにしっかり取りつけ、この状態で1分〜1分30秒待つ。

プロのコツ!
チャンバーとキャップの間にすき間ができないようにしてください。おいしいコーヒーを入れるために、器具をていねいに扱うのがプロです。

7

ビーカーの口にファンネルをかぶせるように置いて、その上からチャンバーとプランジャーを逆さまに置く。
プランジャーをゆっくり押し込み、30秒かけて底までプレスする。

プロのコツ!

シューシューという音がしたらプレスが終了します。音が合図です。

8

コーヒーが落ち切ったら、ビーカーを軽くまぜてカップに注ぐ。

プロのコツ!

プレスを早く押し過ぎると、過抽出になりやすくなるので注意してください。

Step1 コーヒーのおいしさのバランスを極めよう

通常の淹れ方

エアロプレスは細長く安定しづらいので、平らなテーブルや台の上に設置しましょう。不安定な状態でプレスすると、均一にコーヒー豆に圧力がかからないため風味が変わってしまうのでご注意を。

1 チャンバーにペーパーをセットしたキャップを装着し、粉を入れる。

2 ビーカーの上にファンネルを置き、粉の入ったチャンバーを乗せる。

3 全体をデジタルスケールに乗せて、数値をリセットする。

4 お湯を粉全体になじむように注ぎ、パドルで5〜10秒かき混ぜる。

5 上からプランジャーをセットし、30秒かけて底までゆっくりとプレスする。

Point! エアロプレスで多めに淹れたいとき

エアロプレスのサイズは200ml用の1サイズしかありません。それ以上のコーヒーを淹れたいときは、濃い目に落とすレシピをつくり、あとからお湯を足して味をととのえるようにしましょう。

アメリカンプレスで淹れる プロのコツ

最近注目のアメリカンプレスもご紹介します。粉を密閉式のポッドに入れ、プレッシャーをかけた状態でお湯を通して抽出するというシンプルな落とし方ですが、コーヒーの油分もきちんと出てコクをしっかり感じられるおいしいコーヒーが淹れられます。

1

挽いた粉をポッドに入れてふたをし、容器にお湯を注ぐ。

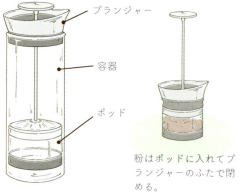

粉はポッドに入れてプランジャーのふたで閉める。

プロのコツ！ フィルターメッシュがとても細かいので、微粉は少なくスッキリした味に仕上がります。

2

お湯を入れた容器にポッドを入れ、ポッドの中の粉全体がお湯にひたるまで押し込む。蒸らしてから圧力をかけ、一気に押し切って抽出する。

プロのコツ！ コーヒーの粉以外にも、紅茶や緑茶の茶葉でもおいしいお茶を淹れることができます。

フレンチプレス・エアロプレスをよりおいしく！ プロの裏ワザ

フレンチプレスとエアロプレスの抽出方法は似ているものの、それぞれに特徴があります。ご自身にとって淹れやすいものや、それぞれのよさを見出して自分なりに使ってみるといいでしょう。

プロの裏ワザ1
目の細かな茶こしで微粉を落とす

フレンチプレスはコーヒー液に微粉が残りやすいのが難点ですが、豆を挽いた後に茶こしでふるって微粉を落とすことで防げます。また味のボディは軽くなりますが、カップに注ぐときにペーパーフィルターでこすのもひとつの方法です。

プロの裏ワザ2
エアロプレス円形ペーパーは2枚重ね

エアロプレスにはペーパーフィルターが付属していますが、別売りのステンレスフィルターに替えると油分を通すのでボディの強い味になります。またフィルターを2枚重ねにすると、抽出圧力が強くなるので、より濃厚な味が出せます。

エスプレッソマシンで淹れるプロのコツ

マシンなので、機械的にエスプレッソの抽出ができますが、そうはいっても抽出を始めるまでのステップで高いスキルが要求されます。コーヒー豆をマシン用のフィルターに圧力をかけて設置するにあたり、その日の湿度や豆の状態に応じて圧力をかける力加減を調整したりしなければなりません。これによってショットとしてのできあがりのクオリティが変わります。

point! バランスのよい味に仕上げるレシピ

コーヒー豆の量：16g（2人分）
抽出温度：91度　抽出圧力：9気圧
抽出時間：20〜30秒
抽出量：18〜20g×2

※エスプレッソの場合は、クレマができるので液量をグラムで計ります。

Step1 コーヒーのおいしさのバランスを極めよう

1

グラインダーの下にホルダーをセットする。豆を挽きながらドーシングレバーを引き続け、粉を直接フィルターの中心に向かって落としていく。

プロのコツ!

フィルターの真ん中に落とすイメージで、挽いた粉を入れましょう。湯が均一に浸透します。

2

フィルター内に粉が八分目まで入ったらグラインダーの電源を切り、ドーシングレバーを何度か引いてグラインダー内の粉を落としきる。山盛りになった粉を、人差し指でホルダーの縁を滑らせるように払ってすりきる。

プロのコツ!

ホルダーを叩いて粉を増やすことを「ドーシングアップ」といいます。ドーシングアップする場合は、毎回同じ回数、強さで叩き同じ粉量が入るよう練習しましょう。

3

粉の上にタンパーを乗せ、タンパーを持った腕を垂直にし、10kg〜20kgの力をかけて押し込む。タンパーを持つ手の親指と人差し指をホルダーの対向する縁にあてがい、時計の12時・6時の方向と3時・9時の方向に回して、粉の表面が水平になっているかを指の感触で確める。

4

ホルダーの縁に付着した粉のかすを払い落とす。マシンのグループヘッドからお湯を2〜3秒間空出しして、グループヘッドのシャワーフィルター内に残っているコーヒーのかすを取り除く。
※イラストは布で拭いていますが、プロは指で払うことのほうが多いです。

プロのコツ！
粉は均一な圧力で固まっていることが大切。フィルターのサイズに合わせたタンパーを選んでください。

Step1 コーヒーのおいしさのバランスを極めよう

5

ホルダーをぶつけないように、ていねいにマシンにセットする。
※ぶつけてしまうとタンピングした粉がずれてフィルターとの間に隙間ができてしまい抽出不足の原因となります。

> オーダーが入っていないときも常にホルダーは保温をしておきたいので、マシンにセットしたままでかまいません。

プロのコツ！

6

セット後、先に抽出ボタンを押して、カップウォーマーからカップを抽出口下に移動。左右の量、圧力、湯温など定期的にマシンを確認する。

point! エスプレッソマシンもいろいろある

エスプレッソマシンの種類はじつに多く、それぞれのマシンの特徴も様々です。機能面も多種多様なため、1日に淹れる杯数やメニューに合ったものを選択できるように、リサーチすることをおすすめします。

エスプレッソをよりおいしく！プロの裏ワザ

エスプレッソは豆の成分を瞬時に引き出す抽出方法なだけに、細心の注意が必要です。豆、レシピ、淹れ方、機械の管理、何かひとつでも状態がよくなければ、おいしい1杯にはできません。

プロの裏ワザ1
クレマをチェック
エスプレッソの表面に浮かぶ独特の細かい泡を「クレマ」といいます。正体は豆に含まれる炭酸ガスですが、クレマはエスプレッソのでき具合を計るバロメーターの役割を果たしています。よいクレマはカップ全体を覆うように広がり、きめが細かく、表面に光沢があるものです。よいクレマの色は赤みがかった茶色をしています。

プロの裏ワザ2

「最初の一滴」を覚えておこう

バリスタは1杯ごとに、マシンから抽出される液の最初の1滴に目を凝らします。気にするのはしずくが落ちるスピードや色。同じレシピ、状態であれば、同じスピードと色になるはずです。「最初の1滴」を見ることで、異常を感知できるのです。

プロの裏ワザ3

クレマのツヤ

状態のよいクレマの場合は表面にツヤ（光沢）が出ます。もし表面のツヤが無い場合は豆がフレッシュすぎる可能性があります。豆に含まれる炭酸ガスをもう少し抜いて、時間をおいてから使用しましょう。せっかくきめの細かいフォームドミルクを作っても、粗いクレマと混ざることでカプチーノやカフェラテの口あたりが悪くなります。

失敗してしまった！ なぜ？

マシンで淹れるので失敗は少ないのでは、と思われるかもしれませんが、豆の選び方はもちろんマシンの使い方に手を抜くと味に反映するのがエスプレッソです。

水っぽい！ 酸みが強すぎる！

お湯の通りが早くて抽出不足になっているかもしれません。抽出にかかった時間を確認してください。粉の挽き目が粗すぎたり、ホルダーの粉が十分押し固められていない、などが考えられます。粉が固まっていないとお湯が粉の隙間を通り抜け、粉の表面が傾いているとお湯が粉の表面を伝っていくので、フィルター内が均一に抽出されなくなってしまいます。

苦い。雑みが出ている！

上とは逆に、過抽出です。お湯の通りが遅かったのなら、粉量が多く挽き目が細かすぎたのかもしれません。抽出時間に問題なければ湯温が高い、水平に押されていない、焙煎が深いなどが考えられます。基本的に推奨されている抽出圧（9気圧）から変える必要はありません。

Step1 コーヒーのおいしさのバランスを極めよう

クレマができない！　色がおかしい！

クレマができない、またはできてもすぐ消えてしまう原因の多くは、豆が古すぎるか焙煎が浅すぎるかして、豆に含まれる炭酸ガスが少ないためです。逆に焙煎したばかりの豆だとブクブクとした大粒の泡が立ちますが、これもいいクレマとはいえません。また湯温が低いとクレマはできにくく、できても色が白っぽくなります。逆に湯温が高いと、きめが粗く黒ずんだクレマができます。また、マシンの設定がブレていることも。定期的にマシンチェックを欠かさないようにしてください。

クレマが少ない
豆が古い、焙煎が浅すぎる、粉が少なすぎる、挽き方が粗すぎる。

白いクレマ
お湯の温度が低すぎる、豆が古い、カップの縁にあてておとしている。

赤みがかった茶色 ヘーゼルナッツカラー
状態のいい豆を使い、適切な淹れ方をしたときに生まれるよいクレマ。

ネルドリップで淹れる プロのコツ

ペーパードリップ以上にお湯を注ぐスピードによって、できあがりの味が大きく変わってしまうむずかしい淹れ方ですが、コントロールが利くようになれば自在な味をつくり出せるのが魅力です。

> **Point!**
> ### バランスのよい味に仕上げるレシピ
> コーヒー豆：中挽き 20g
> 湯温：85～90℃
> 湯量：250g
> ※用意するもの：ネル　温度計

香り	★★★
甘み	★★★★★
酸み	★★★
クリーン	★★★
あと味	★★★★

Step1 ● コーヒーのおいしさのバランスを極めよう

1

あらかじめ水につけて置いたネルの先端を、ねじるように絞って水気をとりタオルやペーパーなどで残りの水気も拭き取る。

2

ネルに粉を入れてお湯を注ぐ。中心からゆっくり、細い糸を垂らす量で「の」の字を描くようにじっくりと浸透させる。

3

ネルの先端からコーヒーが落ち始めたら、少しずつ注湯のペースを早め、定量になったら止める。

プロのコツ!

ネル内に残っているコーヒーを落とし切る前にネルをはずすこと。過抽出になってしまいます。

サイフォンで淹れる プロのコツ

実験室のような独特の雰囲気をたのしめる抽出方法です。淹れ方がちょっと複雑で、器具の扱いにも注意点が多く、難易度が高い方法といえます。

Point!

バランスのよい味に仕上げるレシピ

コーヒー豆：中挽き 16g
湯量：220g

※用意するもの：ロート・フラスコ　ビームヒーター　竹べら　布フィルター　ろ過器　タイマー

プロのコツ！

アルコールランプが付属していますが、プロの多くは安定した熱を出すビームヒーターを使っています。

香り	★★★★★
甘み	★★
酸み	★★★★
クリーン	★★★★
あと味	★★

Step1 コーヒーのおいしさのバランスを極めよう

1

フラスコに計量したお湯を入れてビームヒーターであたためる。その間にロートに粉を入れ、お湯が98℃以上になったらロートをフラスコに差し込み、お湯が上がるのを待つ。
お湯が粉を持ち上げきったタイミングでロート内を10回かき混ぜる（第1攪拌）。

プロのコツ!
この攪拌は抽出よりも、粉とお湯をよくなじませるのが目的です。手早く行いましょう。

2

そのまま30秒前後（濃いめにしたければ40秒。豆の挽き具合、ローストによって異なる。）あっさりした味にさせたいのなら20秒浸しておく。

3

プロのコツ!
上から泡、粉、液体の順で3層になっていれば問題ありません。

時間になったらヒーターを止め、浸漬中に溜まった炭酸ガスを抜くように、ロート内を5回かき混ぜる（第2攪拌）。

4

落ち切ったらロートを外し、フラスコを軽く揺らしてコーヒーを混ぜてからカップに注ぐ。

コーヒーが落ち切ったあとに、粉が小さな山をつくっていると、粉に十分にお湯が回ったことがわかります。

サイフォンを使って
よりおいしく！ プロの裏ワザ

抽出時間をシビアに守り、淹れ方に機転が必要です。安定した味を出すのがむずかしい抽出法です。プロのワザを身につけて巧みに使いこなしましょう！

プロの裏ワザ1
お湯をかき混ぜてから粉を投入

抽出前に「ロートの粉をフラスコから上ったお湯が持ち上げる」という工程を紹介しました。しかし粉は熱で変質してしまうので、お湯にふれる前にはできるだけ余計な熱が加わらないようにするべきです。そこで、ロートに粉を先に入れておかず、お湯が上ってから粉を入れるのがおすすめです。その際は粉を入れる前にお湯を攪拌し、湯温を一定にしておきましょう。安定した味を出すためのコツです

プロの裏ワザ2
フィルターを変えて味に変化をつける

フィルターの素材を替えるのも味を変化させる一手です。ステンレス製フィルターに取り替えれば、油分をある程度通しますから、口あたりのボディ感が引き出され、ペーパータイプにすると逆に油分のないすっきりした味わいになります。またネルは、使い続けると油分がだんだんネルに付着して、お湯の通り抜ける速度が変わっていきますので、ステンレスやペーパーに替えることで味の安定も図れます。

失敗してしまった！ なぜ？

浸漬時間が長すぎたのかもしれません。
タイマーで時間を正確に計るようにしてください。
この淹れ方は抽出温度が高いため、雑みが出やすいのは否めません。
濃くしたければ浸漬時間ではなく、粉の挽き方を細かくしたり、
粉の量を増やすことで調整するのがいいでしょう。

酸みが強すぎる！水っぽい！

湯温が低すぎる状態で浸漬すると、酸みが強く出てしまいます。空気は65度で膨張するので、フラスコの湯温が低くてもロートにお湯を上げることが可能ですが、ちゃんと沸騰させるようにしましょう。また第1撹拌でお湯と粉をしっかりなじませないと、抽出不足が起きて水っぽくなります。

過抽出の味になってしまった!!

熱源（ビームヒーター、アルコールランプ）を切ってもロートにたまったコーヒーがなかなか落ちてこない場合があります。これは、フラスコ内に圧がたまり過ぎている可能性が高いので、ぬれたふきんなどでフラスコをすばやく冷やして一定の秒数で落とす工夫をしましょう。

コールドブリューを淹れるプロのコツ

水に粉を長時間浸してゆっくりと成分を抽出するつくり方です。オンザロックとまったく異なり、まろやかで、甘みは強くなります。まったりとした飲みやすい口あたりで、一度にたくさんつくることができます。

Point! バランスのよい味に仕上げるレシピ

コーヒー豆：中挽き 20g
水量：200g
氷量：100g 以上
【1：10 の法則】 コーヒー 1 に対して水は 10

- 香り ★★
- 甘み ★★★
- 酸み ★★★★
- クリーン ★★★
- あと味 ★★

プロのコツ！
豆は、つける時間に合わせて挽き方を変えましょう。

Step1 ● コーヒーのおいしさのバランスを極めよう

1

水10に対して粉1の割合で容器の中に入れ、粉全体が水にふれるように水を入れてふたをする。

プロのコツ!

粉をそのまま入れるタイプの容器を使う場合は、粉を市販の紙製パックなどに入れると取り出しやすく便利です。ただ、粉に直接お水を入れたほうが、コーヒーの成分がよく出て味もしっかりします。

2

冷蔵庫に入れて、8時間以上そのままつけておく。

プロのコツ!

時間になったら粉を取り出す。飲むときには冷やしたグラスに氷を入れ、注ぐ。2日ほどで飲み切るといいでしょう。

オンザロックで淹れる アイスコーヒー プロのコツ

コーヒーの香りと味わいがたのしめる淹れ方です。濃いのに雑みがなく、清涼感を感じられるのがオンザロックのよさ。通常のものとは異なり、深煎りの豆を使用して濃い目にドリップしたコーヒーに、氷を加えてバースプーンで素早くかき混ぜ急冷することがポイントになります。

Point! バランスのよい味に仕上げるレシピ

コーヒー豆：中細挽き 20g
湯温：90〜95℃
湯量：150〜200g
氷：100g 以上

- 香り ★★★★★
- 甘み ★★★
- 酸み ★★
- クリーン ★★★★★
- あと味 ★★★★★

Step1 コーヒーのおいしさのバランスを極めよう

1

ドリップコーヒーを淹れる。

プロのコツ！

氷で味が薄くなることを想定し、通常より多めのコーヒーの粉量を使って濃厚につくります。

2

氷を入れたグラスに注ぎ、急速に冷やす。氷の量は少しずつ調整する。

プロのコツ！

常温まで冷ましたあと、冷蔵庫で冷やしてから氷をグラスに注ぐ方法もある。

アイスコーヒーをよりおいしく！プロの裏ワザ

氷の扱い方でアイスコーヒーをおいしく飲めます。プロのテクニックで、好きな豆をアイスコーヒーでたのしめるようにしましょう！

プロの裏ワザ1
「ステア」で薄まりにくく

グラスに氷を入れたときにステアツールで氷をくるくる回し、溶けやすい氷の角を最初に溶かしてしまいます。このワザを「ステア」といいます。あとは溶けた水を捨ててから、コーヒーを注げばOKです。もちろんアイスコーヒーだけでなく、ジュースやお酒にも応用できます。

プロの裏ワザ2
コーヒー氷をつくろう

溶けた氷で味が薄くならないようにする、もっとも効果的な方法が、氷をコーヒーでつくってしまうことです。コーヒーを製氷器に入れ、冷凍庫で凍らせておきましょう。

おいしさを引き出す水

水はエスプレッソで88％、コーヒーでは98％以上を占めている重要な主要成分で、豆からコーヒーの味を抽出するための大切な役割を担っているため、きちんとした知識をもっておく必要があります。

においがしない水がおすすめ

まず、繊細なコーヒーの味をじゃまするような、余計なにおいがしない水を選ぶことがとても大切です。基本的に新鮮な水であれば大丈夫ですが、水道水には消毒のための塩素が入っているので、沸騰させて、塩素のにおいをきちんと飛ばしましょう。

「硬度」に注目しよう

次に着目したいのは硬度です。硬度とは水の中に含まれるミネラル成分の量を表した値で、硬度が低いほど口あたりがやわらかく、また粉の成分が水に抽出されやすくなるため、コーヒーを淹れるのには向いています。日本では硬度を水1リットルにミネラルが炭酸カルシウム換算で何mg含まれているかを硬度数値として示し、120より値が低いものを軟水、高いものを硬水と呼んでいます。

また、硬度数値だけではなく、カルシウムやマグネシウムのバランスによっても水やコーヒーの味は変わってきます。

味が出やすいのは「軟水」

水の硬度が低いものを軟水といいます。軟水のほうが味は濃く出ます。日本の水道水は大半が軟水に入りますが、地域によって硬度は千差万別です。また、同じ軟水でも、硬度が高い軟水でつくったコーヒーと、硬度が低い軟水を用いてつくったコーヒーでは、同じレシピで再現しようとしても味は変わってしまいます。

好みの水を探してみよう

最近はコンビニエンスストアやスーパーに行くとたくさんの水が流通しています。自宅の水道水で安定した抽出ができるようになったら、好みの豆に合わせた水探しをしてみてはいかがでしょう。同じ軟水でも硬度、マグネシウム、カルシウムなどの量が違えば味の特徴も変わります。パッケージの数値を参考に試してみましょう。

Step 2

おいしいコーヒーは
アレンジもたのしい

アレンジドリンクとは、コーヒーやエスプレッソをほかの素材と組み合わせてつくったドリンクのことをいいます。カフェラテのようなスタンダードなものから、お酒やハーブ、スパイスなどをプラスしたものまで、アレンジのアイデアは様々です。あなたの好みの豆がもつ特徴を、最大限に引き出せる相性のよい素材を見つけるための参考にしましょう。

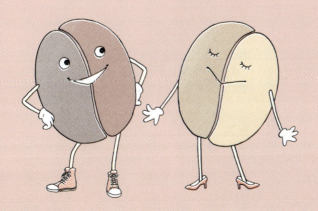

アレンジのたのしみ方

🫘 エスプレッソをアレンジ

エスプレッソの基本アレンジドリンクと言えば、カフェラテやカプチーノがあります。エスプレッソはコーヒー成分が濃縮されているもので、その分苦みや酸みを強く感じるため、ミルクと合わせることでまろやかさが加わり飲みやすくなったり、その他の素材と組み合わせることによってまったく違った印象のドリンクをつくることができます。

🫘 フィルターで淹れたコーヒーをアレンジ

エスプレッソに比べるとストレートでもさらっと飲みやすいイメージですが、コーヒーもまた、豆のもつ特徴を引き出せる素材と組み合わせることで、より一層深みのある風味を得ることができるようになります。ハーブやフルーツとのマッチング、フードペアリングでコーヒータイムが充実します。

Step2 おいしいコーヒーはアレンジもたのしい

ミルクやお酒、フレーバーシロップ

ミルクの種類を変えてアレンジする以外にも、お酒やフレーバーシロップ、炭酸水なども試してみてください。豆の特徴をしっかりと引き出してくれるものと合わせるとコーヒーの魅力はさらにアップします。

トッピング

エキゾチックな気分にさせてくれるスパイスや、香りをゆたかにしてくれるハーブは、コーヒーをよりディープにたのしみたい方におすすめ。また、コーヒー自体ナッツの香りがするものが多く、砕いたヘーゼルナッツやアーモンドともよく合います。

フードペアリング

フードは、コーヒータイムをさらにたのしくしてくれるアイテムです。スイーツやスナックなど、好きなコーヒーと相性の良いものを探してみましょう。豆や焙煎度合いによって以外なフードと合うかもしれません。

アレンジに不可欠なミルク！

コーヒーやエスプレッソのアレンジで基本となるのはミルク。ただしミルクの種類は様々。使用するコーヒー豆の特徴をしっかりと把握し相性を考えましょう。豆の焙煎度合いや産地によって異なる風味にしっくりとくるものを選びましょう。

プロが選ぶ牛乳とは

アレンジコーヒーをたのしむためのファーストステップとして、まずはベーシックなミルクについての知識を深めましょう。ミルクと一辺倒に言っても種類は様々で、成分や濃度、メーカーや産地によっても味は千差万別です。独自のアレンジに匹敵するものを選んでください。

牛乳の成分

●無脂乳固形分とは
牛乳から水分、脂肪分を取り除いたもので、たんぱく質・炭水化物・ミネラル（カルシウムなど）・ビタミンなどのこと。

●乳脂肪分とは
牛乳から水分・無脂乳固形分を取り除いたもの。

🫘 牛乳の種類

① 成分無調整牛乳
加熱殺菌のみおこなったもので、乳脂肪分3％以上、無脂乳固形分8％以上のもの。

② 成分調整牛乳
生乳から成分を薄くしたり、濃くしたりと調整をしたもの。

③ 低脂肪牛乳
成分調整牛乳のうち、乳脂肪分0.5％以上1.5％以下のもの。

④ 無脂肪牛乳
成分調整牛乳のうち、乳脂肪分を0.5％未満にしたもの。

⑤ 加工乳
生乳や牛乳を原料として製造した乳製品（脱脂粉乳、クリーム、バターなど。）

⑥ 乳飲料
生乳や乳製品を主原料にビタミン・ミネラル・カルシウムなどの栄養分や、コーヒーや果汁を加えたもの。

🫘 牛乳の殺菌

- 無殺菌：　殺菌処理を行っていない牛乳
- 低温殺菌：　63℃〜65℃　30分
- 高温時短殺菌：　約72℃　15秒
- 超高温瞬間殺菌：　120〜130℃　1〜3秒
- ロングライフ：　130〜150℃　2〜20秒（滅菌）

🫘 乳牛の種類

- ホルスタイン種：　乳脂肪分3〜4％　ドイツ原産
- ジャージー種：　乳脂肪分4〜5％　イギリス原産
- ガンジー種：　乳脂肪分4〜5％　イギリス原産

コーヒーと相性のよいミルク

コーヒーのアレンジに欠かせない「ミルク」。代表的なカフェオレは、あたためた牛乳と合わせてさらりと飲めるので子どもにも人気です。エスプレッソと合わせる牛乳は「フォームドミルク」。ふんわりと泡立たせ、やさしい口あたりで苦めのコーヒーを飲みやすく、また、甘い感じに演出してくれます。

コーヒーアレンジに使うミルクは、ホットならほどよくあたため、アイスなら冷やすなど、コーヒーの温度に合わせた使い方が一般的です。おいしいアレンジドリンクをつくるポイントは、牛乳の脂肪分と新鮮さです。

また、どんな豆を使用するのかによっても、ミルクの選び方は変わってきます。

point! コーヒーに合う牛乳って？

1. 乳脂肪分が3.5％以上のもの
   （季節によって脂肪分が変化するので注意）
2. 殺菌温度が高すぎないもの（くさみが出るため）
3. アイスの場合は冷たくなると甘さが感じづらくなるので、甘さがしっかりしているもの

Step2 おいしいコーヒーはアレンジもたのしい

「フォームドミルク」と「スチームドミルク」

エスプレッソに合わせる「スチームドミルク」は、エスプレッソマシンにあるスチーマーを使って牛乳を攪拌してつくるミルクです。
このスチーマーを用いると**2層のミルクができあがります。**
1つが、きめ細かな気泡を含んだふわふわとした「フォームドミルク」。
もう1つが、蒸気であたためられた滑らかな「スチームドミルク」です。
空気を含んだこの2層のミルクを巧みに使い分けることでコーヒーの風味も変わり、別のおいしさが引き出されます。また視覚的にも美しく仕上げることができるので、女性にも人気が高いアレンジができます。

フォームドミルクとスチームドミルクはアレンジするドリンクによって層の割合が変わります。割合が変わることで、コーヒーの風味や口あたりが変わり、飲んだときの印象が違ってきます。

カプチーノをつくる

Step 1 🫘 道具とミルクの準備
しっかり冷えたミルクと使用するカップに合うピッチャーを準備。量と温度を正しく計るのがおいしいミルクをつくるコツ。

ステンレス製のミルクピッチャー
（大きさはよく淹れる杯数に合わせる）

温度計

脂肪分 3.5%
以上の新鮮な牛乳

Step 2 🫘 ノズルの準備
スチームノズルの中に溜まった水分を 1〜2 秒ふかして、余分な水分をしっかり飛ばす。

Step 3 🫘 ノズルの位置がポイントに

ミルクを入れたピッチャーに、スチームノズルをしずめる。このとき、ノズルの先端の深さを決め（あまり深く入りすぎないように）、入れる位置を真ん中より端にずらす。

プロのコツ！
ノズルの位置はこのあたりがベスト！ただし、ピッチャーのサイズや形により異なります。

Step 4 🫘 ミルクを泡だてる

スチームバルブを開けて、手のひらでピッチャー側面にふれながら温度を確認し、少しずつピッチャーを下げる。

プロのコツ！
ピッチャーを下げるスピードが速すぎると、泡のきめが粗くなります。このタイミングはかなりむずかしいので練習しましょう。

Step 5 🫘 仕上げる

ミルクが 1.1 〜 1.3 倍になるまで泡だてます。
だいたい 60 〜 65℃になったらスチームを止めます。これ以上の温度になるとミルクの甘みがなくなり焦げっぽくなるので注意します。

Step 6 🫘 フォームドミルクを注ぐ

①カップを傾けて持ち、エスプレッソから 5 〜 10cm ほど離れたところからきめ細かく泡だてられた 60 〜 65℃のミルクを勢いよく注ぎ入れます。
②ピッチャーのくちばしをできるだけエスプレッソに近づけ、ピッチャーを傾けながらゆっくりカップを水平にもどしていきます。
③エスプレッソの表面にフォームドミルクで適度な大きさの円ができたらピッチャーを起こす。

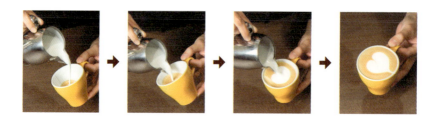

ミルクの失敗の原因

フォームドミルクなど、ふわふわのミルクをつくるのはけっこうむずかしいものです。とくに以下の3つは失敗の原因なので気をつけてください。

❌ ノズルをピッチャーの真ん中に入れる
❌ ノズルの入れ方が浅過ぎる・深過ぎる
❌ ピッチャーを下げるタイミングが早過ぎる・遅過ぎる

Point! 対流がうまくいったフォームドミルクはつややかで光沢がある

できあがったミルクを軽く回してみましょう。うまく対流できたミルクは、つややかで見た目にもとてもなめらかです。

つやと光沢

きめが粗いまま

牛乳が苦手な人のためのミルク

豆乳

よく代用されるのが豆乳＝ソイ。豆乳はイソフラボンなど、美容効果も注目されているので海外のカフェでも人気です。ただ、牛乳ほど泡だちがないので、ふんわりのフォームドミルクにはあまり向いていません。それでも、牛乳とはひと味う、豆乳の風味はたのしめるでしょう。

豆乳には、さらりと軽く甘みも感じる「調整豆乳」と大豆の香りが強く若干えぐみも残る「無調整豆乳」があります。それぞれに特徴があるので好みのほうを選んでください。

アーモンドミルク

ビーガンの人や美容意識の高い方にとても人気です。ビタミンEが豊富なので健康的なうえに、ほんのりと甘い香りがアクセントになり、女性に好まれる味です。ナッツの香りを感じられる豆との相性はバツグン！

Step 2 おいしいコーヒーはアレンジもたのしい

Arrange 1 ミルク
ミルクをプラスして
コーヒーをまろやかにする

苦みのあるコーヒーにミルクの甘さを加えることでやさしい口あたりが感じられる飲み物になります。コーヒーとミルクのバランスによってネーミングが変わるのも特徴的。それぞれの味のたのしみ方も違います。

HOT DRINK

コーヒーにミルクを入れると口あたりはまろやかに、酸みや苦みはおだやかに感じられるようになります。

Coffee
カフェオレ

フランス発祥のドリンク。ドリップコーヒーで淹れたコーヒーを1:1の割合でミルクに加えたアレンジドリンク。

> ミルクの甘みを引き出すには、深煎りでコクのある豆を使用することがおすすめです。

プロのコツ！

Espresso
🫘 カフェラテ

カフェラテはイタリア生まれのドリンク。エスプレッソにミルクを加えてつくります。カフェオレよりもコーヒーの味が濃く、ミルクの甘みと苦みの両方をたのしみたい方におすすめ。エスプレッソの苦みがさらりとして飲みやすいです。

Espresso
🫘 カフェマッキアート

マッキアートとは「染み」を意味します。エスプレッソの上からフォームドミルクをのせることで表現されます。エスプレッソ2に対してフォームドミルク1の割合が理想的です。

Espresso
🫘 カフェモカ

カフェラテにチョコレートのソースを加えたのがカフェモカ。そこにホイップクリームを加えると、さらに濃厚な甘みを感じられるリッチなコーヒーになります。

Espresso
カプチーノ

イタリア発祥のドリンク。エスプレッソになめらかにスチームされたミルクを加えたアレンジドリンクです。好みでシナモンやココアパウダーをかけます。

point!
カプチーノはふわふわのミルクと
エスプレッソを混ぜて飲むのが
正しいスタイル

●ミルクのテクスチャー
カプチーノは、スプーンでかき分けてもなかなかエスプレッソが見えてこないくらいフォームドミルクで覆われているのが理想的。

●ふわふわのミルクとコーヒーを混ぜるのが正しい飲み方
フォームドミルクとエスプレッソをスプーンでよく混ぜて、なめらかなミルクの舌ざわりをたのしむのがカプチーノの醍醐味。

Espresso
ラテマッキアート

あたためたスチームドミルクとフォームドミルクにエスプレッソで「染み（マッキアート）」をつけたもののこと。ミルクアレンジの中で、もっともミルク量が多くて飲みやすいドリンクです。

ラテマキアートの上からチョコレートソースやシナモンなど香りづけするのもおすすめです。

Espresso
フラットホワイト

表面がフラットという意味、カプチーノよりもフォーム量が少なくミルク感のしっかりしたドリンク。ニュージーランドで考案され、南半球では人気のスタイル。

Step 2 ● おいしいコーヒーはアレンジもたのしい

Espresso
🫘 スパニッシュラテ

日本ではなかなか見られませんが、海外では人気のスパニッシュラテ。コンデンスミルクを加えたミルクをスチームし、エスプレッソを入れる。その上からフォームドミルクをのせ、シナモンをトッピングします。

プロのコツ！

はちみつは、香りの強いものもあります。コーヒーの香りを消さず、心地よい甘さで風味をいかしてくれるものを選びましょう。

Espresso
🫘 ハニーラテ

濃厚なはちみつを牛乳に加えて混ぜます。そこへエスプレッソを注ぎ、フォームドミルクをのせたら、仕上げにはちみつをたらします。甘さはお好みで！

ICED DRINK

牛乳を冷やして「アイスミルク」をつくるのが基本。コーヒーと合わせると、まろやかで飲み心地もさっぱりします。季節やシチュエーションに合わせて、ホイップクリームやフレーバーシロップなどでたのしみましょう。

Coffee
🫘 アイスカフェオレ

アイスコーヒーを冷たいミルクでわったもの。1：1の割合でアレンジします。さらっと飲めて夏にはぴったりなドリンクです。

プロのコツ！

あずきをプラスすると、あずきのしっかりとした甘さとコーヒーの苦味のバランスがとれるので、あずきオレとして飲むのもおすすめ！

Espresso
🫘 アイスカフェラテ

エスプレッソをアイスミルクでわってつくります。ホットのカフェラテとは違って、コーヒーの苦みも抑えられすっきりとした味わい。エスプレッソのコクとも相性がいいです。

Espresso
アイススパイスモカ

チョコシロップとチャイシロップにエスプレッソを加え、ミルクを注いでできあがり！シンプルなモカにシナモンが香るエキゾチックな雰囲気がたのしめるドリンク。

プロのコツ！

とくにチョコソース類は溶けにくいので、エスプレッソとよく混ぜてから入れましょう！

Espresso
アイスカフェモカ

アイスカフェラテにチョコレートソースを入れたもの。コーヒーの風味とチョコレートの苦みでドリンクに深みが増します。ほろ苦くて甘い、とても贅沢な味をたのしめるアレンジです。

Espresso
アイスカフェチョコラータ

チョコラータは、イタリアで生まれたドリンク。老舗カフェでも出されるくらい伝統的な飲み物です。チョコレートパウダーを冷たいミルクと一緒にスチームし、とろみのある甘く濃厚なミルクをつくります。そこへエスプレッソを入れることで高級感のあるドリンクに仕上がります。

パウダーと牛乳をスチームする際、しっかり温度を上げて「とろみ」を出すこと。

Step 2 おいしいコーヒーはアレンジもたのしい

Espresso
アイスカプチーノ

カフェラテ同様にエスプレッソにミルクを加えてつくりますが、こちらは蒸気であたためたフォームドミルクを加えたり、ミキサーに材料を入れ、ふわふわの食感をつくることもできます。

ミキサーを使用する際は、氷を溶かさないままミキシングするために、氷は最後に入れます。

Espresso
アイスキャラメルラテ

アイスカフェラテにキャラメルの風味づけをし、ホイップクリームとキャラメルソースをあしらった甘いドリンク。キャラメルのエレガントな香りが加わって、コーヒーの印象が変わります。

Arrange 2 ● 砂糖＋お湯
アメリカやオーストラリアで親しまれる自由なアレンジ

コーヒー本来の香りを損なわないように、濃さや味のバランスをお湯や砂糖を加えながら、自分好みに近づける自由な飲み方。アメリカやオーストラリア、ニュージーランドでは、ポピュラーな飲み方です。

Espresso
🫘 カフェアメリカーノ

エスプレッソにお湯を加えて飲みやすくしたもの。お湯の量を調整しながら自分なりの味を見つけましょう。お湯の温度はコーヒーと同じくらいがいいでしょう。

> **プロのコツ！**
> 豆本来の味を飲みやすくしたものです。ベースのエスプレッソの味を変えてたのしめるシンプルな飲み物。

Espresso
🫘 ロングブラック
　（オーストラリア、ニュージーランド）

アメリカーノとは逆に、お湯をエスプレッソでわったアレンジコーヒーです。スプーンでエスプレッソをすくい、お湯に少しずつ足していくという飲み方。苦みや濃さのカスタマイズをたのしみましょう。

Espresso
🫘 カフェフレッド
　シェケラート（イタリア）

カクテルなどで使うシェイカーを使用します。エスプレッソ、砂糖（ガムシロップでもいい）、氷など入れてシェイクしてできあがり。ほろ苦い泡とコーヒーのコントラストが堪能できます。ノンアルコールカクテル感覚で飲めます。

Arrange 3 🫘 お酒
世界中で愛されている お酒とコーヒーの組み合わせ

コーヒーならではの苦みとお酒の相性はバツグン。イタリアをはじめ、フランスやドイツ、ロシアなど世界各国、強めのお酒との組み合わせでつくられます。

Espresso
🫘 カフェコレット

エスプレッソに、くるみ、レモン、ナッツのリキュールやグラッパなどを加え、食後酒の代わりにたのしむこともあります。甘くて刺激的な飲み物で、食後の口直しにはぴったりです。

Step 2 おいしいコーヒーはアレンジもたのしい

Coffee
アイリッシュコーヒー

アイルランド生まれのアイリッシュウィスキーに、コーヒー、生クリーム、砂糖を加えたカクテルです。ウィスキーの深い香りとコーヒーとクリームのコクが広がります。

> 豆の特徴に合わせて使用するウィスキーの種類も選びましょう。

Coffee
🫘 モヒートコーヒー

ラム酒をベースにフレッシュミントを加えたキューバのお酒「モヒート」。これを元に、アイスコーヒーに少量のラム酒とフレッシュミントを加えた暑い季節にぴったりのアレンジコーヒー。スライスライムを加えてもおいしいです。

> モヒートの爽快感だけではなんとなく物足りない！なんてときに、コーヒーの苦みがインパクトを与えてくれます。

エスプレッソに合うリキュール

コーヒーの苦みやコクに負けないように、アルコール度数 40 度前後のハードリカーを使うのがおいしさのポイントです。

■蒸留酒

Grappa（グラッパ）／ぶどう
Vecchia Romagna（ヴェッキアロマーニャ）／アーモンド
Calvados（カルヴァトス）／リンゴ

■リキュール

Maraschino（マラスキーノ）／チェリー
Cointreau（コアントロー）／オレンジ
Limoncello（リモンチェッロ）／レモン
Amaretto（アマレット）／あんず
Frangelico（フランジェリコ）／ヘーゼルナッツ
Nocello（ノチェッロ）／クルミ
Amaro（アマーロ）／薬草など
Cynar (チナール)／アーティチョークや 13 種のハーブ
Sambuca（サンブーカ）／アニス、エルダー、リコリスなど
Fernet Branca（フェルネットブランカ）／アロエ、タイショウガ、カモミールなど
Branca Menta（ブランカメンタ）／フェルネットブランカをベースにミントなど
Strega（ストレガ）／シナモン、ミント、サフランなど
Baileys Irish Cream（ベイリーズ）／クリーム、カカオ、ヴァニラ、アイリッシュウイスキーなど
Drambuie（ドランブイ）／スコッチウイスキー、ハーブ、はちみつなど

Arrange 4 ● フルーツ

アイスコーヒーの清涼感と フルーツの爽やかさの相性がいい

夏の暑い時期にぴったりなアイスコーヒーとフルーツのペアリング。さわやかなフルーツ感に、コーヒーの苦みがアクセントになって飲みごたえもあります。また、見た目も美しく仕上がるのでドリンクづくりがたのしめます！

Coffee
オレンジ＆ライム

スッキリごくごく飲めるペアリング。柑橘系のさっぱりしたイメージに合う浅煎りの豆を選べば、オレンジやライムの爽快な風味がいきて、リフレッシュには最高の1杯に仕上がります。

コーヒーに合うフルーツ

季節のフルーツを用いてコーヒーをアレンジしてみるとおもしろいです。甘いものからさっぱりと酸みのあるものなど、コーヒーの風味を軽快に引き立たせてくれます。

プロが選ぶフルーツ1
オレンジ、ライム、レモン

柑橘系のフルーツは、コーヒーのもつ酸みを引き立たせ、あっさりした喉ごしに仕上がります。レモンの香りはリラックス効果も期待できるそうですよ。

プロが選ぶフルーツ2
ベリー（ストロベリー、ラズベリー、ブルーベリーなど）

ケニア産、エチオピア産などの豆はベリー類と相性が合います。甘酸っぱいベリーの特徴とコーヒーの酸みの相乗効果でほのかな甘さが効いたドリンクになります。

プロが選ぶフルーツ3
アップル

意外にも、浅煎りの豆とりんごの酸みが重なり、バランスのよいアイスコーヒーができます。また、りんごのほのかな甘みで全体的にやさしい飲み口です。

Arrange 5 ・ナッツ

ナッツの風味とコクで印象が変わる

食物繊維やビタミン、ミネラルが豊富なナッツ類は、コーヒーの香りとコクにぴったりマッチ！ほっとしたいときにおすすめです。もともとコーヒーにはナッツ風味のものが多いので、ナッツを粉状に砕いたものをトッピングとしてあしらうのも OK です。

Coffee & Espresso
ナッツがいきる飲み方

ホットコーヒーにナッツフレーバーのシロップを入れるだけでも十分おいしいですが、ミルクのまろやかさも同時に加えると、ナッツの香ばしさやリッチ感がさらに引き立ちます。

コーヒーに合うナッツ

あらゆる種類のナッツをコーヒーとのペアリングに使うのはとても友好的。またナッツ自体スーパーフードとしても知られているものが多く、ヘルシーな感覚で堪能できます。

プロが選ぶナッツ1
ヘーゼルナッツ
コーヒーと一緒に食べるよりも、コーヒーフレーバーとしてたのしむことで風味のよさがいかされます。甘みと豊富なビタミンが特徴です。

プロが選ぶナッツ2
アーモンド
ナッツの中でもっとも栄養価が高いといわれています。フォームドミルクの上にかけて飲むとデザート感覚にも。カリッとした食感もたのしいです。

プロが選ぶナッツ3
ピスタチオ
ピスタチオは風味ゆたかなナッツ。深煎りローストのコーヒーに合わせると、その持ち味が鮮やかに引き出されます。

Arrange 6 ● スパイス＆ハーブ
いつものコーヒーに ちょっぴり刺激をプラス

いつもとは少し違う雰囲気を味わいたいときは、スパイスやハーブを加えてみましょう。独特でエキゾチックなイメージがわく味わいになります。コーヒーの中でも産地が東南アジア周辺のものは、元からスパイシーな香りがするものもあるので、スパイスとの相性も期待できます。また、コーヒーの新たな魅力を見つけるのにハーブのアロマや効能もおすすめです。いろいろなスパイス＆ハーブと合わせてコーヒーの別の顔を発見しましょう。

コーヒーに合うスパイス

パウダー状のスパイスなら、挽いた豆と一緒に入れて抽出したり、あとから少量ふりかけても OK。スパイスひとつでコーヒーの印象がガラリと変わります。

プロが選ぶスパイス 1
ジンジャー

健胃・保温・解熱・消炎作用を促すスパイス。フレッシュなら、薄くスライスしてコーヒーに浮かべて。

プロが選ぶスパイス 2
カルダモン

疲労回復、整腸作用を促すスパイス。ジンジャーによく似ていますがもっと華やかな香りが特徴です。

プロが選ぶスパイス 3
バニラ

バニラビーンズやバニラオイルをコーヒーにたらせば、甘い香りのバニラコーヒーのできあがり。シナモンを添えても！

プロが選ぶスパイス 4
クローブ

甘く強い香りのするクローブは、シナモンやナツメグとの相性がとてもいい。一緒に用いるとより香り深いものになります。

プロが選ぶスパイス 5
ナツメグ

独特でエスニックな香りを放つナツメグを使うと、大きく印象が変わります。シナモンと合わせて使うのもおすすめ。

コーヒーに合うハーブ

ハーブは非常に香りがゆたかなので、コーヒーの風味と相性がよければとてもよいアレンジになります。アロマのリラックス効果や温感効果も考えながら選んでみてもいいと思います。

プロが選ぶハーブ1
レモングラス
レモングラスの葉を少量切って、挽いた豆と一緒に淹れて抽出。さわやかな風味の飲みやすいコーヒーができます。

プロが選ぶハーブ2
ローズマリー
殺菌効果が見込めて、血行促進を促してくれるともいわれています。スパイシーな風味のコーヒーに合わせると、すっきりしたイメージになります。

プロが選ぶハーブ3
カモミール
グッドナイトティとして知られるカモミールは、リラックス効果や疲労回復を促す効果があるようです。浅煎りのコーヒーに合うでしょう。

プロが選ぶハーブ4
タイム
コクとまろやかさの調和に役立つタイムは、深煎りのコーヒーにおすすめ。個性的な感覚でコーヒーを飲みたい方は試してみてください。

プロが選ぶハーブ5
ミント
爽快感のある香りが、スーッと心地よい気分にさせてくれるのでアイスドリンクとマッチングさせるとよいです。

Step 2 おいしいコーヒーはアレンジもたのしい

Arrange 7 トッピング
フレーバートッピングで
コーヒーパーティーみたいに

ちょっとしたお菓子をトッピングすることで、コーヒーがスイーツに変わります。満足度も上がり、コーヒータイムがより充実します。ホームパーティーにもおすすめです！

チョコレート

コーヒーとの相性が非常によいことで知られるチョコレート。モカシロップとのマッチングよりも、深いコクと甘さを実感。フォームドミルクを乗せて砕いたチョコレートをトッピングしても！チョコレートのカカオ率によっても味わいが変わりますので、いろいろ試してみてください。

キャラメル

香ばしさとゆたかな甘さが優雅な雰囲気を演出してくれます。意外にも男性に人気のあるフレーバーです。

マシュマロ

モカなどチョコレート風味のコーヒーと相性がいいです。甘くてまろやかな舌ざわりがやみつきに！

Arrange 8 ● ペアリングスイーツ
ほろ苦さと
スイーツの奇跡の出会い

ストレートコーヒーでも、ミルクでわったコーヒーでも風味をいかせるスイーツペアリングを探せばドリンク1杯の魅力も最大限に引き出せます。

☕ ドーナツ

コーヒーとドーナツはアメリカでは定番の組み合わせです。甘い系ドーナツ、しょっぱい系ドーナツ、ふわふわやサクサク食感など、様々なドーナツを様々なコーヒーと一緒にたのしみましょう。基本的に甘い系のものは、深煎りコーヒーと合います。

☕ クッキー

昔ながらの喫茶店でコーヒーをオーダーすると、ソーサーにちょこっと乗ってくるひとくちサイズのご褒美。クッキーはコーヒーのお伴として安心感があります。シンプルなバタークッキーはエスプレッソや深煎りコーヒーの相性がいいですね。レモンやオレンジなど柑橘系のクッキーは酸みのある浅煎りコーヒーと合いそうです。

☕ ケーキ

コーヒー豆の煎り具合でケーキの甘さを選んでみましょう。浅煎りのものにはさっぱりとしたフルーツ系、深煎りのものにはチョコレートなどしっかりと甘いもの。ペアリングの仕方でバランスが悪いとどちらかの味が潰れてしまうのでしっかり相性の合うものを選びましょう。

Step 2 おいしいコーヒーはアレンジもたのしい

Arrange 9 コーヒーを使ったスイーツ
コーヒーの魅力を スイーツで表現

コーヒーのよさをアレンジドリンクで引き出すだけではなく、豆に合う材料で調合しスイーツにすることで、コーヒーの表現方法を変えてたのしんでみましょう。

コーヒーアイスクリーム

深煎りしたコーヒー豆を細かくグラインドし、バニラアイスにまぶしただけでも、豆がアクセントになっておいしいです。または自宅でつくるアイスクリームに濃く淹れたコーヒーを淹れ、コーヒーフレーバーのアイスクリームをつくってみましょう。

コーヒーゼリー

自宅で手軽につくれるゼリー。お気に入りのコーヒー豆を使用したゼリーは世界でひとつだけかもしれません。豆の味に合わせたフレーバーシロップをかけたり、ミルクをトッピング！ コーヒーのアイスクリームとゼリーを一緒に盛りつければ、コーヒー好きのためのデザートのできあがり。

☕ ティラミス

コーヒーのコクとココアパウダーの苦みが相まって、リッチな感覚をたのしめるスイーツ。エスプレッソを使用するので豆によって風味が変わります。自宅でも案外簡単につくれるので試してみてください。

☕ コーヒームース

ふわふわとした舌ざわりのムースにコーヒーを使うと、コーヒーのほろ苦さがまろやかに演出されて甘すぎず苦みも抑えられた絶妙な風味のスイーツができます。

☕ カップケーキ

コーヒー風味のカップケーキは、グラインドした豆を使っても、ドリップしたコーヒーを使ってもよし。ラテなどと合わせて食べると満足感のあるスイーツタイムになります。

Step 3

おいしい
コーヒー豆を選ぼう

料理と同じように、コーヒーも材料が違えばまったく味わいが変わってきます。品種と産地、焙煎方法、挽き方……。豆選びをマスターすれば、あなただけの理想のコーヒーがつくり出せます。

コーヒーの生産国

コーヒーはココナッツやカカオ、バナナと同じく南国特産の農作物で、大部分の産地が赤道付近の南回帰線と北回帰線ではさまれた「コーヒーベルト」と呼ばれる範囲に集まっています。60か国以上で栽培され、最大の生産国は世界の市場シェアの3分の1を占めるブラジルです。

コーヒーが育つ条件

コーヒーは冷害や霜害に弱く、温暖な気候を好む作物ですが、平均気温20度の環境が最適とされ、涼しい高地で栽培されています。同じ産地なら標高が高いほど実が熟すのが遅くなり、豆の密度が高まって良質な風味がよく表れる傾向にあるようです。降水量は日本より少ない年間平均1500mmあれば十分ですが、木の成長期に雨が多いことが欠かせません。土壌にも水はけのよさが求められます。

産地別の品種名と
それぞれの香りと味わい

コーヒー豆の香りや味わいは品種によって異なりますが、同じ品種でも産地によってさらに様々な特徴があります。

中南米

中南米のコーヒーと世界最大の産地ブラジルのコーヒーは全体的に甘みが強く、加えてナッツの香りとまろやかな味わいが特徴的です。

一方、南米第2位の生産国コロンビア産には、ほどよい酸みが感じられます。

中南米産の主な品種はブルボン、ティピカ、カトゥーラなど。また、山岳地帯が80％を占めるパナマは、コーヒーの栽培に最適。最近では、「ゲイシャ」というスペシャルティコーヒーが市場で高い評価を得て注目をあびています。

アフリカ・中東

コーヒー発祥の地とされ、世界5位の生産国であるエチオピア。ここでは様々な原種（在来種）が栽培されています。酸みが強いのがアフリカ産コーヒーの特徴です。ケニアではアラビカ種のSL28、SL34、K7、ルイル11が特産で、独特のベリー系や柑橘の香りと酸みが人気です。

アジア・オセアニア

アジア・オセアニア地域はブラジルに次ぐ生産量世界2位のベトナム、4位のインドネシア、7位のインドなどを擁する一大コーヒー産地です。大半はロブスタ種ですが、インドネシアにはジャコウネコにコーヒーの実を食べさせ、そのフンから豆を取った「コピ・ルアク」という変わった種類もあります。

豆の品種

植物としてのコーヒーは「コーヒーノキ（和名）」というアカネ科の常緑樹です。3つの種（しゅ）があり、それらの交配や突然変異で様々な品種が生まれました。

コーヒーノキ

コーヒーノキを人類が最初に発見した場所はアフリカ・エチオピアの高原とされ、当初は果肉の絞り汁を飲用していたと考えられています。現在の豆を使った飲料としてのコーヒーの起源は判明していませんが、10世紀にアラビア半島に渡り、イスラムの教えで禁止されていたアルコールの代わりに珍重されたといいます。オスマン帝国を経てヨーロッパに伝わったのは17世紀です。

コーヒーノキは、野生では10mの高さになることもありますが、収穫しやすいように2mほどの高さに切って育てるのが一般的です。種をまいて収穫できるまでには最低3年、長ければ5年はかかります。

アラビカ種

香りがよく、苦みと酸みのバランスが取れた種で、世界の生産量の8割がアラビカ種です。エチオピア原産の在来種で、ブルボン系やティピカ系をはじめ、ショップで購入できる品種の大部分がアラビカ種といっていいでしょう。その反面、生産性や病虫害抵抗力が低く、栽培コストがかかることから比較的高価です。

Arabica

ロブスタ種

西アフリカ原産のカネフォーラ種の原品種（種の下位単位）で、病虫害に強く、高温多湿の厳しい環境でも栽培が可能です。アラビカ種に比べて酸みが乏しく、風味もあまり感じられませんが、苦みは強く、カフェインの量はアラビカ種の約2倍です。価格が安くて抽出効率も高いため、インスタントや缶コーヒーに使われることが多いです。

Robusta

> **point!**
> ### リベリア共和国が原産地のリベリカ種
> アフリカのリベリア共和国が原産で、味の特徴はロブスタ種に似ていて良質なものはアラビカ種に劣らないフレーバーを持ちます。また、標高の低い場所でも育ち、病害虫の抵抗力が強いため栽培しやすい品種です。主に東南アジアで栽培されていることもあり、今後は需要が増えていく可能性があります。

コーヒーの花と実

農園でコーヒーノキは種まきかカッティング（挿し木）で繁殖させます。どちらの方法でもまず苗床で育て、40〜60cmほどの高さになったら畑に植え替えます。

たった2日しか咲かない貴重な白い小花

コーヒーノキは、発芽からおよそ3年で花を咲かせるようになります。ジャスミンに似た甘い香りを放つこの花は、真っ白で細く5つに分かれた花びらを、降雨後に一斉に開かせます。開花からわずか2日で散ってしまいますが、その間、農園には雪が積もったような幻想的な光景が広がります。

熟した実はまるでチェリー

花が散った後、その場所には深い緑色の小さな果実がなります。その実はだんだんと大きくなりながら色を変えていき、6〜9か月で赤く熟します。熟した実はさくらんぼのように見えるため「コーヒーチェリー」と呼ばれます。品種によっては熟すと黄色やオレンジ色になるものもあります。

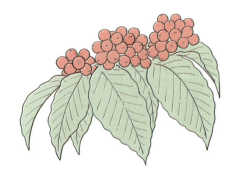

Step 3 おいしいコーヒー豆を選ぼう

ラグビーボールのような実

コーヒー豆とは、コーヒーチェリーの中にある種子のことです。通常、種子はラグビーボールを半分に切った形をしていて、1つの果実に2つ、向かい合わせに収まっています。種子が1つしか入っていないこともありますが、その種子は球状で「ピーベリー」や、ブラジルでは「モカ」と呼ばれています。

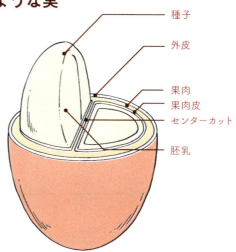

収穫

機械で収穫する農園もありますが、多くは人の手で行います。同じ木の枝の果実でも熟度がまちまちなのが普通なので、数回に分けて摘みます。開花時期に雨が断続的に降ると、同じ枝でも場所により開花がずれ、実を結ぶ時期に差が出るからです。1本の木から採れるチェリーは焙煎豆に換算して350g前後と少量です。

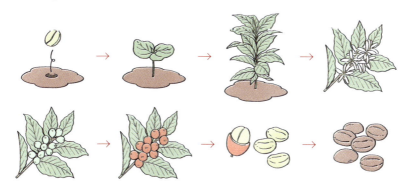

よい豆に仕上げる「精製方法」

コーヒーチェリーから豆を取り出す工程を「精製」といいます。精製の方法には大きく分けて「水洗式」と「自然乾燥式」の2通りがあります。産地の気候や設備によって使い分けられていますが、味わいも大きく異なります。

水洗いスタイルと水洗いナシの自然乾燥スタイル

水洗式は、機械で果肉を取り除いたあと水温40度ほどの水槽に豆を漬けて12〜36時間おき、豆のまわりに残った糖度の高い粘液質を発酵・分解して除去する方法です。粘液質の酵素で豆の酸みが引き立つ効果もあります。自然乾燥式はチェリーを天日に10〜30日間干し、果肉を乾燥させて除去するものです。設備がいらず、フルーティーな香りが豆に残る方法ですが、湿気の多い産地ではむずかしく、行っている農園は少数です。

選別

自然乾燥式では生豆（なままめ）の保存に最適な10〜12％の水分量になるまで乾燥させ、水洗式でも天日やドラム乾燥で同じ水分量に落とします。次に吸引機とふるいで不純物を取り除き、続く脱殻工程で、自然乾燥式の豆は乾燥した外皮と果肉を、水洗式の豆は「パーチメント」（生豆を覆う内果皮）とシルバースキン（生豆表面の銀皮）を除去します。脱殻した生豆は一定の基準で選別し、良質な豆だけを出荷します。まず見るのは豆の重さで、欠けた豆や軽い豆は「欠点豆」としてはじきます。次にふるいでサイズ分けをし、最後に色をチェックします。良質な生豆は自然乾燥式では淡いクリーム色、水洗式では淡い緑色です。対して黒色や濃い褐色は発酵してしまった豆、濃い緑色や白っぽい色は熟す前に収穫してしまった豆で、いずれも欠点豆です。

生豆

発酵した豆を使ってしまうと薬品のようなイヤな臭いが鼻をつきます。また熟していない豆で淹れると青臭さが口に残ります。欠点豆の除去はとても重要なのです。

Point! ハンドピック

選別工程の大部分は現在、センサーで機械化している産地が主流ですが、最後は人の目で調べます。手で欠点豆をつまみ出すこの作業を「ハンドピック」と呼びますが、どんなに徹底しても欠点豆の混入はゼロにはなりません。豆を使う前に自分でハンドピックをする習慣をつけるといいでしょう。

コーヒー豆をローストする「焙煎」

生豆に熱を加えて化学変化を起こし、香りと風味を引き出す工程が焙煎です。自宅で焙煎したい人はもちろん、「焙煎はショップにお任せ」という人も、希望のローストを依頼できるようになってほしいところです。

カフェのロースター

最近普及しているのがガスによるドラム型焙煎機。直火式、半熱風式、熱風式などそれぞれ特徴があり、表現したい味や、用途によって変えていきます。焙煎時間は10分前後〜20分前後までと豆の特徴に合わせて変えていきます。

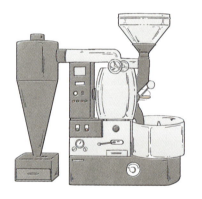

家庭用のロースター

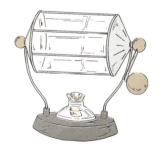

価格に応じて様々なモデルがあります。業務用焙煎機に及ぶものは見あたりませんが、少なくとも豆の芯まで十分熱が通るくらいの加熱力を持ったタイプを選びましょう。

Step3 おいしいコーヒー豆を選ぼう

🫘 焙煎工程の説明

焙煎開始から190度前後で豆からパチパチッと音がしてきます。この音は豆の中で発生した炭酸ガスによるものです。これを「1ハゼ」といい、重さが最低でも11％減り、色が褐色になります。そこから数分すると今度はピシッという音が鳴ります。この「2ハゼ」で豆の色が一段と濃くなり、さらに焙煎を続けていくと質量が22％まで減っていきます。また、大きさ（容積）が1.5倍程度に大きくなります。

🫘 香り

産地による豆の特徴により焙煎度合いを変えていきます。柑橘系の特徴をもつアフリカ系であればフルーティーな酸味を引き出せるシティローストにし、ブラジル系のナッツやチョコレートのような香りは少しロースト香をひきだすフルシティ以上に仕上げるなど、焙煎する人の判断で大きく香りが異なります。

ライトロースト
うっすらと焦げ目がついている状態。黄色がかった小麦色。香り・コクはまだ不十分。

シナモンロースト
シナモン色。ごく浅い煎り方で、まだ青臭く飲用には適さない。

ミディアムロースト
茶褐色。アメリカン・タイプの軽い味わい。

ハイロースト
ミディアムよりやや深い煎り方。喫茶店や家庭で飲まれるレギュラーコーヒーは、この段階のものが多い。

シティロースト
もっとも標準的な煎り方。鮮やかなコーヒーブラウン。これも喫茶店や家庭で味わうことが多い深さ。最近ではエスプレッソ用としても用いられる。

フルシティロースト
ダークブラウン。一般的にはアイスコーヒー用の豆を煎るときはこの段階まで熱を加える。シティ同様エスプレッソにも用いられる。

フレンチロースト
強い苦みと独特の香りがたのしめる。カフェオレやウィンナーコーヒーなど、ヨーロピアンスタイルのアレンジメニュー向きである。

イタリアンロースト
色は黒に近い状態。強い苦みと濃厚な味わい。これがもっとも深い煎り方で、かつてはエスプレッソ、カプチーノなどに使用されることが多かった。

※写真はイメージです。

ブレンドして好みの味を見つけよう

カフェの定番メニューといえば「ブレンドコーヒー」。これは複数の産地の豆を調合したコーヒーを指します。いろいろな銘柄をブレンドさせて思い思いの味を実現させるのもたのしいこと。基本さえ押さえればむずかしくありません。

シングルオリジン（ストレート）とは

1つの品種だけを使ったコーヒーを「シングルオリジン」または「ストレート」と呼びます。混じりっけのない、その産地特有の個性豊かな味をそのままたのしむことができ、またその品種の味を的確に知ることができる飲み方です。

ブレンドとは

豆の持ち味をうまく調合することで、特徴をさらに引き立てたり、欠点を補ったりすることができるのがブレンドの魅力です。カフェやショップのブレンドコーヒーには、変わらない味を変わらない価格で安定して供給できるという、プロゆえの利点があります。

ブレンドのポイント

Point 1
「好みの味を決めよう」

まずは、つくりたい味を決めましょう。甘くてまろやかな口あたりで、フルーティーな香り、など。そこから豆の特徴を調べ、どれとどれを合わせるべきか見当をつけます。豆を5種類も6種類も選ぶと個性がぼやけますので、3、4種類に抑えるのがおすすめです。

Point 2
「淹れ方を決めよう」

次に、そのブレンドの特徴を最大限引き出せる淹れ方は何かを考えます。香りを強く出したいのなら高温抽出のサイフォンがいいでしょうし、豆の酸み・苦みのバランスのよさをいかしたいとすれば浸漬式のエアロプレスを選ぶのが最適かもしれませんね。

Point 3
「配合バランスを見つけよう」

仕上げはベストの配合バランスを見つけだすことです。まず、それぞれの豆を同じ比率で混ぜて試してみましょう。そして、個性が出過ぎている豆があればその割合を減らし、逆に表に出てこない豆の比率はその分上げてみる。このくり返しで、目指す味に近づけていきましょう。

コーヒー豆を挽こう

焙煎した豆を挽いて細かくすることは、豆の香味成分をお湯に溶け出しやすくするための欠かせない工程です。挽いた粉を買うこともできますが、やはり自分で挽くと風味豊かなコーヒーを淹れることができるのでおすすめです。

自分好みに豆を挽こう

基本的に同じ淹れ方だと挽き目が細かいものほど味が濃くなるということを押さえておきましょう。これは粒が細かいほどお湯と接する表面積が大きくなるため、コーヒー成分が溶けやすく、また粒と粒の間隔が狭くなるのでお湯の通過時間が長くなることの2つが関係しています。

淹れ方に合わせて挽こう

一概には言えませんが淹れ方と挽き方には相性があり、エスプレッソでは粒の隙間からお湯が流れ出てしまわない極細挽きが、ハンドドリップはお湯が落ちるのにほどよい時間がかかる中細挽きがよく使われます。フレンチプレスなど浸漬式は、細かいと雑みが出てしまうため粗挽きを多く用います。

挽くときに注意したいこと

🫘 淹れる直前に挽く

焙煎豆は豆の状態なら数日もちますが、極細挽きだと数十分で香りが飛んでしまいます。これは豆の中の炭酸ガスが抜けていき、オイルや香味成分が空気に触れて酸化が進むためです。挽いたらすぐに淹れましょう。

🫘 摩擦熱を最小限に抑える

挽くときに避けられないのが摩擦熱。コーヒー成分は熱で化学変化を起こし豆の劣化を進めてしまうので、
①一度に多く挽かない
②ミル内部の微粉を取り除く
③切れ味の落ちた刃は交換
することに気をつけましょう。

🫘 器具に合った挽き目にする

淹れ方との相性があると言いましたが、同じ淹れ方でも抽出器具によっては挽き方を変えることも必要です。たとえば、フレンチプレス。金属フィルターが二重のものなら沈殿物が入りにくく、多少細めに挽くことも可能になります。

🫘 必要な分量だけ挽く

できるだけ挽き溜めはやめましょう。手間を惜しまずその時に使う分だけ挽くことが大切です。豆の状態と、挽いた後の重さも計りましょう。ミル内に粉が残り、詰まっている場合があります。

🫘 粒の大きさを均一にする

細かさがまちまちの粉だと抽出にムラが出てしまいます。手挽きは一定の力で挽きにくいので粒度がバラつきがち。少量を何度かに分けて挽くといいでしょう。電動でなるべくモーターの力が強いミルを使うと均一に挽くことができておすすめです。

プロのコツ！

同じ挽き目でも、豆の状態によって粗さが変わります。エスプレッソは湿度や外の気候でマシンから出る蒸気などが刻々と変化するため、プロのバリスタは日に何度も挽き方を調整しているのです。

挽き方のレベルと
おすすめの器具

挽き方は無段階に調節可能ですが、ここでは5段階に分けて特徴を説明します。適した抽出器具と合わせて参考にしてください。

極細挽き

苦みが強く出る。目視や手ざわりで粒の大きさが判断できず、粒度調整がむずかしい。エスプレッソ以外ではほぼ用いられないが、中近東では「イブリック」という、直火にかけて煮出すトルコ式のコーヒーで使われている。

- ●粒の大きさ／上白糖程度
- ●抽出器具／エスプレッソマシン、イブリック

細挽き

やや苦みが強く出る。濃厚な味を出しやすいため、オンザロックのアイスコーヒーをつくる際によく用いられる。ハンドドリップではペーパーフィルターで使われる。

- ●粒の大きさ／上白糖とグラニュー糖の中間
- ●抽出器具／オンザロック・アイスコーヒー、ペーパードリップ

中細挽き

苦みと酸みをバランスよく引き出せる。もっとも一般的な挽き方で、市販のレギュラーコーヒーの多くがこの挽き目。ハンドドリップのほかに、家庭用のコーヒーメーカーに向く。
●粒の大きさ／グラニュー糖程度
●抽出器具／ペーパードリップ、ネルドリップ、コーヒーメーカー

中挽き

やや酸みが強く出る。ハンドドリップ全般のほかに、サイフォンにも使われる。
●粒の大きさ／グラニュー糖とザラメの中間
●抽出器具／ペーパードリップ、ネルドリップ、サイフォン

粗挽き

酸みが強く出る。過抽出になりにくく、長時間お湯に浸す浸漬式の淹れ方に向いている。逆に抽出不足になりやすいため、透過式には適さない。
●粒の大きさ／ザラメ程度
●抽出器具／フレンチプレス、エアロプレス、サイフォン、コールドブリュー

※写真はイメージです。

コーヒーミル

豆を挽く器具はいろいろな機種が流通していますが、淹れ方に適したものを選ぶのがいいでしょう。とくにチェックしてほしいのは刃（歯）のタイプ。プロペラ式（ミキサー式）は粒度がバラつきがでやすく均一に挽くのが難しくなります。

手挽きミル

安価で持ち運びしやすい一方、人力だけに粒度が一定ではないのが大きな弱点です。ただし臼式（すりつぶす方式）のコニカルカッター（円錐状の歯）採用のタイプは、同式の電動ミル並みの挽き味という評価もあります。

家庭用グラインダー

臼式ミルは「グラインダー」とも呼ばれます。家庭用グラインダーの歯には主流のコニカルカッターと、向かい合う円形の歯の間で挽くフラットカッターがあり、前者は摩擦熱は小さいが微粉が多い、後者は摩擦熱は大きいが微粉が少ないのが特徴です。

Step3 おいしいコーヒー豆を選ぼう

エスプレッソ用グラインダー

エスプレッソで使う極細挽きは、一般の家庭用グラインダーと比べて高価な専用のグラインダーでないと挽けません。挽いた粉を一時的に溜めておく「ドサー」という部分が汚れやすく、使い終えたらアルコールでよく拭き掃除をしましょう。

プロ用グラインダー

数十万円もする、大変高価な代物ですが、価格に見合うだけの性能を持ちます。大きくパワフルなモーターを積んでいるため、一度に大量の豆を均一の細かさで挽けますし、粒度の微調整ができるので最適です。

プロのコツ！

挽いた粉の大きさにバラつきがあると味が均一に抽出されません。店舗で使用する場合は、コーヒーの豆一粒一粒の大きさが均一なことと、微粉が少ないものを選ぶといいでしょう。

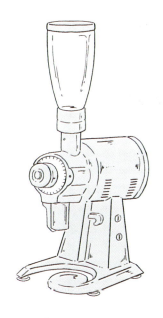

1. 保存方法

グラインダーの歯は消耗品で、摩擦熱で粉がダマになったり、香りが落ちたりしたら替え時です。エスプレッソ用は刃の素材にもよりますが、寿命はコニカルカッターが長く、フラットカッターの約1.5倍長持ちします。

2. お手入れ

グラインダーやミルの刃は定期清掃が大切です。とくに深煎りの豆は油分が出やすく刃に油が付着し酸化臭をだしてしまいます。まめに掃除をしましょう。

「Barista Salto」篠﨑好治（シノザキ コウジ）

コーヒーコンサルタント機関「Barista Salto」、レコールバンタン バリスタ講師、
日本バリスタ協会 技術研究委員 委員長
1979年生まれ。神奈川県出身。
ヨーロッパへのサッカー留学時、本場カフェ文化に魅了されバリスタの世界へ。
数々のイタリアンバールを経て現在はカフェ開業コンサルティング、
メディアでの技術指導、レシピ提供、専門学校講師など幅広く活躍。
著書：「おうちでデザインカプチーノ」ソニーマガジンズ、
　　　「ラテアート＆デザインカプチーノ上達Book」メイツ出版

執筆●坪井孝之（トラストビジネス）
イラスト●町田李句
デザイン・編集● NikoWorks

こだわりを実現する　コーヒー上達BOOK
プロが教える本格テクニック

2019年　8月30日　　　第1版・第1刷発行

監修者　　篠﨑好治（シノザキ コウジ）
発行者　　メイツ出版株式会社
　　　　　代表者　三渡　治
　　　　　〒102-0093東京都千代田区平河町一丁目1-8
　　　　　TEL：03-5276-3050（編集・営業）
　　　　　　　　03-5276-3052（注文専用）
　　　　　FAX：03-5276-3105
印　刷　　三松堂株式会社

●本書の一部、あるいは全部を無断でコピーすることは、法律で認められた場合を除き、
　著作権の侵害となりますので禁止します。
●定価はカバーに表示してあります。
　ⒸNiko Works,2019.ISBN978-4-7804-2217-7 C2077 Printed in Japan.

ご意見・ご感想はホームページから承っております
メイツ出版ホームページアドレス　http://www.mates-publishing.co.jp/

編集長：折居かおる　　副編集長：堀明研斗　　企画担当：折居かおる